想象另一种可能

理
想
国

imaginist

日常哲学提案

爱生活，不爱也行

Carnet de philo

[法]热拉尔迪娜·莫斯纳-萨瓦 著

杨冬 译

北京日报出版社

Originally published in France as:
Carnet de philo by Géraldine Mosna-Savoye
© Éditions Michel Lafon 2021
Current Chinese translation rights arranged through Divas International, Paris
巴黎迪法国际版权代理（www.divas-books.com）

北京版权保护中心外国图书合同登记号：01-2022-4428

图书在版编目(CIP)数据

爱生活，不爱也行：日常哲学提案 /（法）热拉尔迪娜·莫斯纳-萨瓦著；杨冬译. -- 北京：北京日报出版社，2022.9
ISBN 978-7-5477-4356-0

Ⅰ.①爱… Ⅱ.①热… ②杨… Ⅲ.①哲学－通俗读物 Ⅳ.① B-49

中国版本图书馆 CIP 数据核字 (2022) 第 133578 号

责任编辑：姜程程
特约编辑：孔胜楠
封面设计：wscgraphic.com
内文制作：陈基胜

出版发行：	北京日报出版社
地　　址：	北京市东城区东单三条8-16号东方广场东配楼四层
邮　　编：	100005
电　　话：	发行部：（010）65255876
	总编室：（010）65252135
印　　刷：	山东韵杰文化科技有限公司
经　　销：	各地新华书店
版　　次：	2022年9月第1版
	2022年9月第1次印刷
开　　本：	787毫米×1092毫米　1/32
印　　张：	10.375
字　　数：	155千字
定　　价：	72.00元

版权所有，侵权必究，未经许可，不得转载

如发现印装质量问题，影响阅读，请与印刷厂联系调换

中文版序

日常中蕴藏着诸多意外之"惊"。就算不是日日有之,我敢说,也常常有之。

日常居然如此惊人,这便是我想借此书告诉大家的。书中的每一章节,都取材整理自我在法国文化广播电台(France Culture)主持的一档哲学节目,而这一切,又源于那一场全城封禁。2020年3月到5月,法国因"新冠疫情",开启了第一轮漫长的全境居家隔离。

还有什么比关在家里整整两个月更能让人来一场"以小见大"的哲学之旅呢?那些不曾正眼看过的角落、不曾在意的日常举动突然间都跃然眼前。

所有这些我们称之为"点滴小事"的事儿不仅不渺小,反而笔笔画下生活之真切……更重要的是,它们之中蕴含着相当惊人的"哲学考问",涌动着无数的"出乎意料"。

亲手疏通的下水管道发出的咕噜声居然如此悦耳,而终日困在沙发上却犹如酷刑。没个样子的卫衣卫裤柔软到让人欲罢不能,无止境地刷着社交网络堪称无聊至极,而龇牙咧嘴地挤破鼻尖上的痘痘竟成为彼时最大的乐趣。

凡此种种的日常"小确幸"(或"悲"),常夹杂着点私密甚至羞耻，似乎显而易见也毋庸置疑。我不敢说它们之中蕴含着什么宏大叙事（毕竟和宏大沾边的就算不上日常了），但它们的确具有意想不到的惊人深度。

"惊人"。是的，当我们谈论哲学的时候，我们总会回归"惊异"这个概念。它是哲学的第一驱动力，也是哲学的精髓所在。是惊异，让我们睁大眼睛，让我们满心生疑，让我们选择排斥或珍惜周遭之物，换言之，"惊异"促使我们提出问题。

而说到"惊异"，日常生活则不愧为其取之不尽的源泉。此次，终于有幸和中国读者相见的本书也将不遗余力地向大家印证这一点。

无论是身处巴黎（比如我）还是居于上海（比如译者），无论正当青春还是年过半百，"惊异"永远是那最为普世和深刻的生命体验。它不分男女老幼，也无关乎你有没有家庭、孩子或是工作。

而令人惊异的是（！），"惊异"并非来源于那些非凡出奇、难以置信或意料之外的际遇，恰恰相反，它的栖身之处，往往是那些我们深信不疑且视如惯例的东西，是那些我们自认为可以预料、尽在掌握的定论或人之常情。

在你们即将翻开这本写于千里之外、数月之前的拙作之时，我依然可以向你们保证：日常之中，惊异无穷。而你们即将见证它最为鲜活的例证。

热拉尔迪娜·莫斯纳-萨瓦

2022 年 4 月于巴黎

INTRO

引言
战胜日常,真的可以吗?

在所有形容我们与日常生活关系的词汇中,似乎没有什么比"战胜"一词更格格不入的了。我们没法儿战胜日常,我们只是不得不面对它、不得已应付它。更多的时候,我们不过惯性使然地完成每日之需。换句话说,各司其职、各行其是而已。

而"胜利"显然和这种机械且无意识地完成日常章程毫不沾边。"胜利"意味着耀眼夺目的成就,是通过不懈的意志求取胜利,是战斗英雄般的荣耀,一腔热血、一马当先,攻无不克、战无不胜。

"胜利"之中总会蕴含着一些异乎寻常的东西,它本身就与"日常"这一概念格格不入,因为日常大多意味着寻常。再者,我们每日的生活体验与"胜利"可谓相去甚远。

每个平凡的日子——这本小书的每一章节都是对它们的记录,也是对它们的排解——在我看

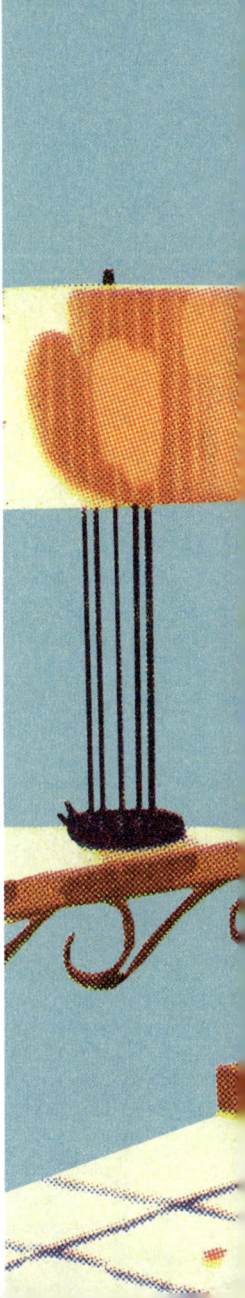

来都像是在等待各种失败的重演。诚然，我也会为日常生活中的一些际遇感到意外和惊喜，而这些"意外之喜"在我看来都不啻为一种例证，即我们太久没有感受过成功、荣耀或者激情了，一句话，我们似乎太久没有尝过"胜利"的滋味了。

打翻一杯咖啡，感到消沉，工作到周五，沉迷于挤痘痘或者每日想也不想地互祝"度过美好的一天哟"……诸多例证似乎都证明了一个观点：我们永远无法战胜日常琐碎。学点哲学也帮不了我们，至少单凭读些哲学家的名言警句是无济于事的。

那为何"战胜"二字还是赫然出现在了此标题之中呢？即便无论是日常生活积累的经验，还是书中见证的种种挫败瞬间，似乎都在告诉我们，我们永远无法超越日常。

要想理解这一点，还得追溯到我在 2021 年年初观察到的一件事儿。那一年，我与马塞尔·普鲁斯特再次"失之交臂"。这是一场我无比熟悉的惨败，因为他的浩瀚长卷《追寻逝去的时光》[1]，我从未读到过第 15 页。

对于任何一个试图在学术领域有所建树或者想自诩"文化人"的人而言，这种失败不啻为出师未捷身先死。而对于早知道自己必败还义无反顾再战一场的人而言，这种失败的滋味可谓历久弥新。

不过，这次失败也并非那么绝对和彻底，甚至不乏一些教育意义。如果说，读完普鲁斯特我们的生活必将有所改变，那么没读过，或者说，没能读完普鲁斯特也不妨碍我们的生活有一些小小的

---

[1] 即法国作家马塞尔·普鲁斯特（Marcel Proust, 1871—1922）所著的长篇小说 À la recherche du temps perdu，中文版本也译作《追忆似水年华》。全书共 7 卷，出版于 1913—1927 年间。——译者注

改变。

事实上，阻碍、挫折、幻灭、失败……往往是这些感受铺就了我们生活的绝大部分。在本书中，我们将不满足于简单地袖手旁观，也不会另辟蹊径地美化它们，不夸大其中滋味，也不宣扬听之任之。本书的初衷，是细品一回这些被我们太过仓促地划归为"挫败"的瞬间，并找到乐在其中的方法。

比如，花上几个小时刷手机却一无所获，感到没精打采又懒得改变，尴尬地搞错了米兰炸牛排的食用方法，被人评头论足了，或者被别人的问题搞得一头雾水……

日常中有如此多的不顺、挫败、阻碍、后悔和溃败，与其将它们看作一次次的折戟沉沙，不如把它们当作一个个破釜沉舟的机会，真正破除那些所谓的习以为常和司空见惯，剖析那些看似约定俗成、不容置喙且不假思索就顺手一做的日常琐事。

的确，战胜日常并不关乎什么英雄主义或功成名就，不一定需要抛头颅、洒热血……它更多的是关乎"失败"，更准确地说，是需要我们敢于去失败、去打乱、去质疑，在嬉笑怒骂中更好地蜕变。好消息是，我们终于准备好迎接失败了！

我与马塞尔·普鲁斯特的邂逅无果

每一年，我都试图碰碰运气。假期读，返工读，冬天读，夏天读，晚上读，清晨读，躺着读，坐着读，站着读……都没用。还是不行……我始终没能跨越《追寻逝去的时光》的第 10 页。这部旷世名著的狂热粉丝常把"追寻追寻"挂在嘴边，就好像这世界上只有一件事情值得去追寻，那就是马塞尔·普鲁斯特。

我这无伤大雅的人生小败笔早已变成广为流传的笑柄……2003年的冬天，我首次搁浅在了第10页。大约几年前，我成功迈进到了第15页（！），每次重拾此书时，我都强迫自己从头读起，我也因此得以一遍遍地重温同样的失败。

每个人都有跨不过去的坎儿，我的坎儿大概就是遭遇了一位每天"早早上床躺下"的主人公，以至连他那大名鼎鼎的小玛德莲蛋糕的影儿都没能见到。[1] 的确，世上有比这糟得多的失败。但有一个问题我始终想不明白：我为什么就是读不下去呢？

"巧妇难为蛋黄酱"

是不是马塞尔·普鲁斯特不对我胃口？这理由很绝妙啊，尤其适用于那些动不动就半途而废的人，就好像一个音乐家自己的水平不行却硬要怪罪乐器。

要么，是我这个人不够自律、耐不下性子读书？是我太与众不同了？（还是，其实《追寻逝去的时光》一书没有传说中的那么好？）

思索良久，似乎以上皆非。但我还是决定趁热打铁，继续深挖一下这个问题：为什么某些书或者说某些作品就是让人坚持不下去？为什么就是毫无火花呢？也许这不是个人口味的问题（还没好

---

[1] 此处涉及的都是《追寻逝去的时光》中的情节。小玛德莲蛋糕（madeleine）指代的是小说中最广为人知的片段之一，即主人公无意中吃到了一块小玛德莲蛋糕而突然感到了一种身心的超脱。作为一种传统的法国甜点，小玛德莲蛋糕也因这段描写而广为人知。普鲁斯特的小玛德莲蛋糕成了对往昔的一种隐喻。而作者则揶揄自己甚至连这么大名鼎鼎的一段都没读到。——译者注

好品尝怎么就知道这味道自己不喜欢呢?)也不是什么毅力的问题(我读得可谓相当投入,不输普鲁斯特本人……),到底发生了什么导致什么都没发生?

这便是整件事的矛盾所在。这桩文学邂逅看似已集齐了天时、地利、人和,但就是举步维艰,求而不得,比把鸡蛋和黄油搅拌成蛋黄酱还难。而更加矛盾的是,反之亦然,有时在人不强求之时,顺其自然反而渐入佳境,柳暗花明,不多费力,鸡蛋和黄油在某一刻就一拍即合了。就像某本一开始读不下去的书突然变得让你欲罢不能,一部电影在某处突然变得扣人心弦,不喜欢一位歌手,却单曲循环着他的某首歌曲。

或许有一天,这种奇迹也会发生在我和普鲁斯特之间呢?

恰逢其时

只剩下一种合理的解释了:或许,这是时机的问题呢?不是品位不够,也不是能力不足,不是缺乏毅力也不是缺乏教育,更不是什么方式方法出了差错。而只是因为,时辰未到?

在哲学上,有着关于"时机"的概念,即人们应该抓住某些机遇以取得更好的结果,但这种"求成"也适用于文艺领域吗?哲学家弗拉基米尔·扬科列维奇[1]曾谈到过这种"天时":

---

1 弗拉基米尔·扬科列维奇(Vladimir Jankélévitch, 1903—1985),俄裔犹太人,法国当代著名哲学家、音乐学家。他一直坚持伯格森主义的洞见,并敢于成为时代不同的声音,深受列维纳斯的赞赏。代表作有《论死亡》(*La mort*, 1966)、《不可名状与几近于无》(*Le Je-ne-sais quoi et le presque-rien*, 1957)等。——译者注

一种像流星或彗星划过天空那样的瞬间。不再潜伏，不再伺机，在没有任何筹措和防备的情况下一跃而上。

读到这个句子时，我的脑海里立马浮现出了那些读不下去的作品们：不是我们没有努力，而是我们太用力了。我们一直准备着，酝酿着，窥视着，我们养精蓄锐，不断说服自己一定会喜欢，必须喜欢，可结果就是不尽如人意。

但或许，热爱它们的最佳方式，其实是告诉自己：不如算了吧！

目录

第一章
总感觉
......

01	格格不入	3
02	实在懒得	9
03	不想反抗	13
04	郁郁寡欢	17
05	错失良机	23
06	无动于衷	27
07	不太正常	31
08	时光流逝	35

第二章
口头禅

01	作为××	43
02	我不反对，但……	49
03	何如何如，难识庐山真面目	55
04	省略号之癖	61
05	微笑挤眼表情	65
06	对荒谬之旅敬谢不敏	71
07	恼人的"启发"	75
08	停止互祝"美好的一天"	79
09	"太""极""巨""绝"的过度使用	85
10	"说真的"的真谛	91

第三章 个人成长"反"指南

01	别再"慢慢来"	99
02	停止"活在当下"	103
03	"禅"为哪般？	107
04	对"正能量"说"不"	111
05	何必脆弱？	117
06	爱自己，不爱也行	123
07	我为何与"智慧"无缘？	127
08	为何恐惧"恐惧"	133
09	善良，糟糕的好感觉	139
10	是，一切的一切，我后悔一切	145
11	圣诞魔力，终到尽头？	149
12	逐梦到底……	153
13	"回归本质"	157
14	强颜"微笑"	161
15	钻"钻牛角尖"的牛角尖	167
16	（不）学习去爱	173
17	关怀自己	177
18	"好好生活"，到底是什么？	183
19	要把人生活成一件艺术品吗？	189
20	非得走出舒适圈吗？	195
21	要和解吗？	201
22	说真话	205
23	疲惫的不赞之歌	211
24	人人都烦"有韧性"	215

第四章 我的烦恼	01	读书如抽丝	223
	02	星期日晚的玄学小品	229
	03	自我剧透党	233
	04	给你打电话说"我一会儿再打给你"	239
	05	我如何发现自己一直"误解"了米兰炸牛排	245
	06	碎玻璃惊愕	251
	07	周五,多余的一日?	257

第五章 日常小快乐	01	堵住的水槽	265
	02	抱怨有理	271
	03	挤爆青春痘	277
	04	办公室里的茶话会	283
	05	致我们的小小越界	289
	06	为我的慢跑裤辩护	295
	07	互相批判又何妨	301
	08	一个刷手机者的遐想	305

结 语 假如,把一切暂停?	309
参考文献	313

第一章

绪论

01

格格不入

2020 年 11 月 30 日，安·西尔维斯特[1]去世了。我的一众亲友悲痛万分，纷纷聊起了自己最喜欢的西尔维斯特的歌曲，以示怀念。那时，我不得不满怀羞愧地当众承认：我没怎么听过她的歌。

我当然知道她是谁，也听到过几首她的歌。一个人很难不在自己的一生中撞上一次她的《怀疑之人》（"Les gens qui doutent"）——典型法国文艺片插曲的调调。

而这并不妨碍我被划到"另一类人"的队伍里去，即小时候父母没给他们听过西尔维斯特的那一类人。

在她逝世的消息被公开，各种悼念活动席卷而来之时，我突然感觉到自己仿佛错过了什么，或者说我的成长教育里有所缺失。

---

1 安·西尔维斯特（Anne Sylvestre），法国著名女唱作歌手，1934 年出生于法国里昂，2020 年于巴黎逝世。——译者注

无论如何，我都无法摆脱一种糟糕的感觉，一种格格不入的脱节感。

显然，这不是什么大损失。我大可从现在起去挖掘这位宝藏歌手。但那种不自在的格格不入感，那种法语里称之为"落在靶旁"一般的感受，萦绕不散。

屡见不鲜，但如鲠在喉

如何理解这种"格格不入"的旁落感呢？这种"在场，又仿佛不在场。场子明明在那儿，但就是没能挤进去，一步之差而落在一旁"的感觉，究竟意味着什么？

我猜想这种感受应该相当普遍。不敢说世界上所有人，至少绝大多数人都对此有所体验。

比如，被孩子们远远甩在身后，对"抖音"一窍不通的落伍老父亲；或者当你只身赴一场一人不识的陌生宴会时；又或者，你去参加一场演唱会，大家突然开始万人合唱一首你根本不会唱的歌。种种的瞬间，你误以为自己和大家是一样的，但不经意间的一个说法、一个话题或一个动作让你突然意识到事实并非如此……

格格不入，便是在场但没真的融入。它介于"好羞耻啊"和"无所谓，还过得去"之间。它像小小的碰壁一般，是一种无伤大雅的窘境。不是什么大事儿，只是周遭一种隐隐的氛围，让你感到既没有被完全冷落，也没有被真的认可。

这是一种模棱两可的矛盾境地，不在其中，也不在其外，介于两者之间。它让你没什么好高兴的也没啥好不高兴的，只是有点不自在而已。

"异""同"之间

感到自己像局外人一般，对哲学家来说是再熟悉不过的一件事儿了。例如，早在公元前 4 世纪，亚里士多德就在《形而上学》一书中对"异"和"同"做了区分：

> 一般来说，"异"呈现的意义和"同"所呈现的相对立。[1]

因此，在格格不入的感受中，"同"如其"格"，而"异"，就像是"不入"。只不过，"不入"并不一定代表着一种对立，而常常是如字面所言，偏居一旁而已。

因此，"格格不入"不能简单地被理解成一种对立或者排他的情绪。准确地说，它是一种微微错位。同样地，感到格格不入也并不要求我们就得改变自己，成为自我之外的东西，而是"做自己"，但不要一成不变，也不要随波逐流。

这可能恰恰也是"格格不入"的问题所在，这短暂的、

---

1 亚里士多德（Aristote），《形而上学》（*Métaphysique*），卷 5，1018a。
   其他译本也译作"相异的意思就是和相同对立"，可参见：《形而上学》，
   苗力田译，中国人民大学出版社，2003 年出版。——译者注

模糊的、矛盾的、在异与同之间逡巡徘徊的境地，真的存在吗，又究竟坐落何处呢？

但说到底，我们非得要给这种境地下个定义吗？我们到底应该摒弃"格格不入"这种似是而非、模棱两可之境，还是坚守"退而求其侧"之心？

在距亚里士多德数个世纪之后，德国哲学家马丁·海德格尔（Martin Heidegger）提出了一个"在世存在"（l'être-au-monde）的概念。而我，在经历了"不甚了解西尔维斯特（她本人就在歌里唱颂过那些脚半踩在自己鞋子上的人们[1]）"事件之后，想要提出一种"在旁存在"（l'être-à-côté-de-la-plaque）。它存在在那儿，但不知道究竟在哪儿。

1　指歌曲《怀疑的人》中的一句歌词："J'aime les gens qui passent, moitié dans leurs godasses, et moitié à côté." 大意是"我热爱那些来来往往的人，脚一半踩着鞋子，一半踏在外面"。暗合了本文想要表达的格格不入的感觉。——译者注

02

实在懒得

你是不是有时也会懒得去做某些事，尽管那些事不得不做？我不是指诸如换灯泡、去上班或者填报税单之类的事情……而是那些真的至关重要，堪称"性命攸关"的事情。例如，补充水分，自我清洗（尤其是处理开放伤口的时候），人之三急，或者上床休息。

我，深受其扰

有一天晚上，我在扶手椅上打着瞌睡，突然，手机上跳出的邮箱提醒将我从昏睡中惊醒，一看时间：23：30。我居然从八点半一路不省人事地迷糊到现在！而眼下自己困饿交加，唯一的解决方法似乎就是：上床睡觉。但我又懒得，懒得去睡觉。

在那个时刻，将自己从沙发拖到床上仿佛变成了世界上最艰难的一件事儿。可谓是既荒谬（怎么能连睡觉都能懒得去？），但也合理（毕竟起身走到床边也需要一鼓作气）。

大约 20 分钟之后（总算是），我终于成功挪到了床上。而刚一躺下，我突然感到一阵口渴。再一次地，我懒得去。

我，并非懒惰

在以为一切妥当终于躺平之时突然想喝水，在我看来是世界上最难的（第二件）事儿了。

尽管微不足道，但这可笑的情景一定能引起广泛共鸣。谁还没有过类似的经历呢？更何况这杯水很可能化为下半夜把你憋醒的那股可怕尿意。

这一切不过是些生活里的必须之事，做了就行。而正因为必须做——人没法儿不喝水、不睡觉——那种"懒得做"的情绪就更加高涨了。

这种看似只是单纯的一时犯懒或松懈，往往会掀起格外激烈的内心斗争：我渴，但我觉得可以忍忍，可我真的渴，但要是去喝水，半夜肯定得起来上厕所，我现在就能感觉到那时我会多么懒得起来。诸如此类的生存考问将在脑内轮番上演。

这可就矛盾了。"懒得"显然不是单纯懒惰。它带给我们的那种无力感比其他各种活动都要有力。

诸如此类的"懒得"一旦堆积过多，便会将一些微不足道、不是问题的问题不断拉扯、延展，直到几近荒谬的地步，让你身未动虑万千。

蒙田在他的《随笔集》里曾将其看作一种思想的恶习：

> 无论多轻如鸿毛的议题，都会不由自主地在脑子里扎根壮大，盘根错节到你无处可躲，不得不全力以赴。也正因如此，无所事事对我而言反倒像苦差一桩，还损害我的健康。[1]

蒙田完美地描摹出了"懒得"的问题所在。就是一旦带着"懒得"的情绪，我们看似在拖延，在偷懒，在逃避忙活，但结果却是，我们反倒变得更忙活了。"懒得"本身就是一件劳命伤神的事儿，和跑步锻炼、做拉丁文作业一个样儿。

唉，连"懒得做"都不意味着真的无所事事了。那些本来就忙活的人可能并不在意，而对我这个总想追求什么事儿都不做的人来说，可真是天降噩耗。

---

1 米歇尔·德·蒙田（Michel de Montaigne，1533—1592），《随笔集》（Les Essais，1580），第 3 卷，第 3 节"论三种交往"。

03

不想反抗

从"黄背心"[1]们到环保主义者,从女性主义到无政府主义,从上街游行抗议到窝在沙发上高举键盘怒发推特,"反抗"俨然已经成为政治和公共生活领域里一种司空见惯的表达方式,甚至可以说是一股时尚潮流。

它常取群起激愤、声讨抗议或聚众闹事之态;总打着"战斗""对抗""抗争",甚至是"联合抗争"的旗号;也没少披上诸如"不屈服""不顺从"或者"坚持抵抗"等的理论外衣。

尽管在法语里"反抗"一词写作"révolte",字面上恰合"volte-face"——也就是"转身、掉头"之意,俗话说来就是

---

[1] 指法国巴黎"黄背心"(Des Gilets Jaunes)运动,该抗议活动爆发于2018年11月17日,是巴黎50年来最大的民众抗议活动,旨在抗议政府加征燃油税。该抗议活动引发了大规模的街头骚乱。因参与者多身着后勤服务从业者的常见制服明黄色马甲而得名。——译者注

"来个一百八十度大转弯",可如今反抗的泛化,甚至泛滥,不免让人怀疑:反抗,会不会不再仅仅是一种求变革新的过渡,反而成为一种固化的"以不变应万变"的生存方式了呢?

集体主义 VS 个人主义

几乎没有人可以对"反抗"的大潮无动于衷。我们中的每一个人都多多少少被它击中过,哪怕只是一瞬间。

的确,某些世代、某些时代或者某些个体会更热衷于反抗……但也有一些人被裹挟在反抗的大军里,无所适从,内心不断自问:那我呢?我该反抗点什么呢?

一定要反抗点什么才能被听见、才能被算作集体的一分子吗?一定要通过反抗来表达自己的不满、对立或者愤怒吗?

不喜欢反抗总会被认为是冷漠、自私、麻木不仁、墨守成规甚至是失败主义的表现。连阿尔贝·加缪在他的《反抗者》中,也在一开头就(值得商榷地)写道:

> 何谓反抗者?一个说"不"的人。而他说"不",不意味着他放弃:他同样也是一个说"是"的人,从最一开始行动起。[1]

---

1 阿尔贝·加缪(Albert Camus,1913—1960),《反抗者》(*L'Homme révolté*,1951)。

这不，反抗一下子就被赋予了尤为积极正面的意义。而不反抗，就显得像是满足于现状的浑蛋或混子。

但如此说来，积极反抗难道不也（变得）是一种满足和顺应吗？顺承他人的怒意和愤慨而加入斗争，这不也是一种循规蹈矩、千人一面、随波逐流吗？

反抗，不可或缺……但催人心累

在《反抗者》一书中，加缪盛赞了勇于抵抗、敢于拒绝的精神，但同时也对它过于意识形态化的趋势或者极具破坏性的形式表示忧虑。人们应该可以说"不"，也应该可以说"是"。但说到底，有没有另一种可能，即选择不表态，既不赞同也不反对？

在文末，加缪补充道："反抗正是生命的运动本身，人们若否定反抗，就是放弃生活。"如此说来，把反抗与生命视为一体，是不是意味着不反抗就等同于选择死亡了呢？

那么不妨试想一下，我们若是反抗"反抗"呢：到底哪边会更胜一筹，是反抗之生，还是不反抗之死呢？

其实，过度渲染反抗的必要性，认为非反抗不可才是问题所在，它把反抗变成了一件让人无比心累的事儿，最后既失却了革命性，也不复激情。

04

郁郁寡欢

没有欲望、不想见人、空虚、什么事儿也不想做,或者一想到要做的事儿,无论大事儿小事儿,就感到疲惫,这便是我们人生中某些逃不掉的时刻……那些常被唤作"抑郁"[1]的时刻。

抑郁有时候与季节有关(秋冬),与日子有关(休息日之将尽)或者与某些生活经历有关(分手、生产、生病或个性所致等),但更多时候,它似乎与任何事情都无关。

那这种无缘无故的、既非客观所致也非主观所愿的抑郁,到底从何而来呢?

到底为什么,无论天气好坏、消息好坏、健康与否或者顺遂与否,我们都会感到郁郁寡欢呢?

到底为什么,就算一切如常,我们也会

---

[1] 此处的"抑郁"(la déprime)和严格医学意义上的"抑郁症"(la dépression)并非完全一致。前者表述更加口语化,指的是人精神颓靡、心情低落、悲观消沉。——译者注

时而感到情绪低落、浑身无力呢?

哲学角度看抑郁

一谈到"抑郁",我们习惯先从精神学领域入手,即从心理疾病的诊疗角度去看待它。也就是说要先探入你的大脑深处,诊断出你为何所困,然后试图找到开解良方。

不过,为什么不试试把抑郁当作一种现象本身呢?比如一种斯宾诺莎式的"消极激情"[1]?要么一种波德莱尔式的"巴黎的忧郁"[2]?抑或让-保罗·萨特《恶心》[3]一书中的那种存在主义综合征?

在你经历过种种抑郁之后,你可能会觉察到,它不是什么可以治得好的疾病,相反地,它是一种不"治"之症。它不是一种实实在在的、可治愈的病痛,而是难以捕捉的,让

---

1 巴鲁赫·德·斯宾诺莎(Baruch de Spinoza, 1632—1677),17世纪荷兰哲学家,理性主义代表人物,代表作有《伦理学》《神学政治论》等。斯宾诺莎倡导人不应该任由自己受到情感这一非理性的激情的控制。——译者注

2 即法国象征派诗歌鼻祖波德莱尔(Charles Baudelaire, 1821—1867)的散文诗集《巴黎的忧郁》(*Le Spleen de Paris*),发表于1869年,是散文诗的开先河之作。波德莱尔最为人熟知的作品为1857年出版的诗集《恶之花》(*Les Fleurs du Mal*)。——译者注

3 指法国存在主义哲学家让-保罗·萨特(Jean-Paul Sartre, 1905—1980)发表于1938年的哲理小说《恶心》(*La Nausée*),也有版本译作《呕吐》。——译者注

我们裹足不前的不适。

令人郁闷的抑郁

如果拿"抑郁"和上文那些闻名遐迩的"生存之殇"相比：

它不同于让-保罗·萨特笔下的"恶心"，抑郁对我们的生存现状和社会现实不具有任何启示意义。

它不同于波德莱尔的"巴黎的忧郁"，抑郁也没啥利用价值——飘忽不定又转瞬即逝，不要指望能靠它吟诗作赋了。

最后，它也不同于斯宾诺莎的"消极激情"。因为它也没有有意义到值得斯宾诺莎为其贡献一整部伦理学著作。

抑郁的特性在于，它可以麻痹我们身上一切可以产生舒适感的东西。甚至比麻痹更严重，正如它的字面意义[1]那般，抑郁让人"深陷沉沦"。它让幸福的"因"无法结出相应的快乐之"果"，让所有的动力源泉都土崩瓦解，在某种意义上，抑郁甚至连其自身产生的不幸感都能一并削弱。

确切来说，抑郁就是一种让你感觉自己一无是处的沮丧情绪，同时你也无法从这种沮丧中汲取任何力量和养分，得

---

1 法语中的抑郁一词"déprime"，也有"消沉，沮丧"之意，它的动词形态"déprimer"字面意义为"使下陷，使凹陷"，引申为"使沮丧，使消沉"等含义。——译者注

到任何的超越和升华。你很难跳出来，也难从中获益。走出抑郁之后，你既不会感受到自己变得更强更好，也不会有所成长。

在《论灵魂的激情》一书里，笛卡尔认为，"激情"是行动不可或缺的另一面：

> 尽管施动者和被动者通常不同，但行动和激情则常常是同一个事物的两个称谓而已。[1]

但也许，在抑郁这一点上，连笛卡尔都弄错了呢？如果抑郁消沉也是一种纯粹的激情呢？如果抑郁就恰如其表，不是别的什么，就是自我沉陷这种感觉本身，让人没办法也不想去克服呢？

造化弄人，如果说抑郁还有点什么贡献的话，可能就是迫使我们把这些研究激情的哲学著作又重读了一遍……

1　勒内·笛卡尔（René Descartes，1596—1650），《论灵魂的激情》（*Les passions de l'âme*，1649），第 1 部分。

05

错失良机

辩论、考试、面试……每当一场考验结束之时,你总会回头琢磨当时是不是应该这样说或是那样做。甚至在接下来的好几天里,你都会不断在脑内复盘,直到想起一些早就忘掉的疏漏。

"我怎么就没早点想到呢?"或者说:"我怎么就压根儿没想到呢?"

不重要了,反正为时已晚,而一切又尽在这为时已晚之中。"太迟了"就是这样一个怪异的时刻,一个错失的机遇在眼前短暂浮现又瞬时化作过眼云烟的时刻。

错失良机,却毫不知情

在感慨"太迟了"的时候,占据我们内心的往往不是负罪感,也不是羞愧或者后悔。

因为以上的情感都意味着我们首先做出了错误的选择。而遗漏了本不该遗漏的,则意味着我们甚至都没做出选择,我们只是单纯地没想到,没把它当成是一个可能

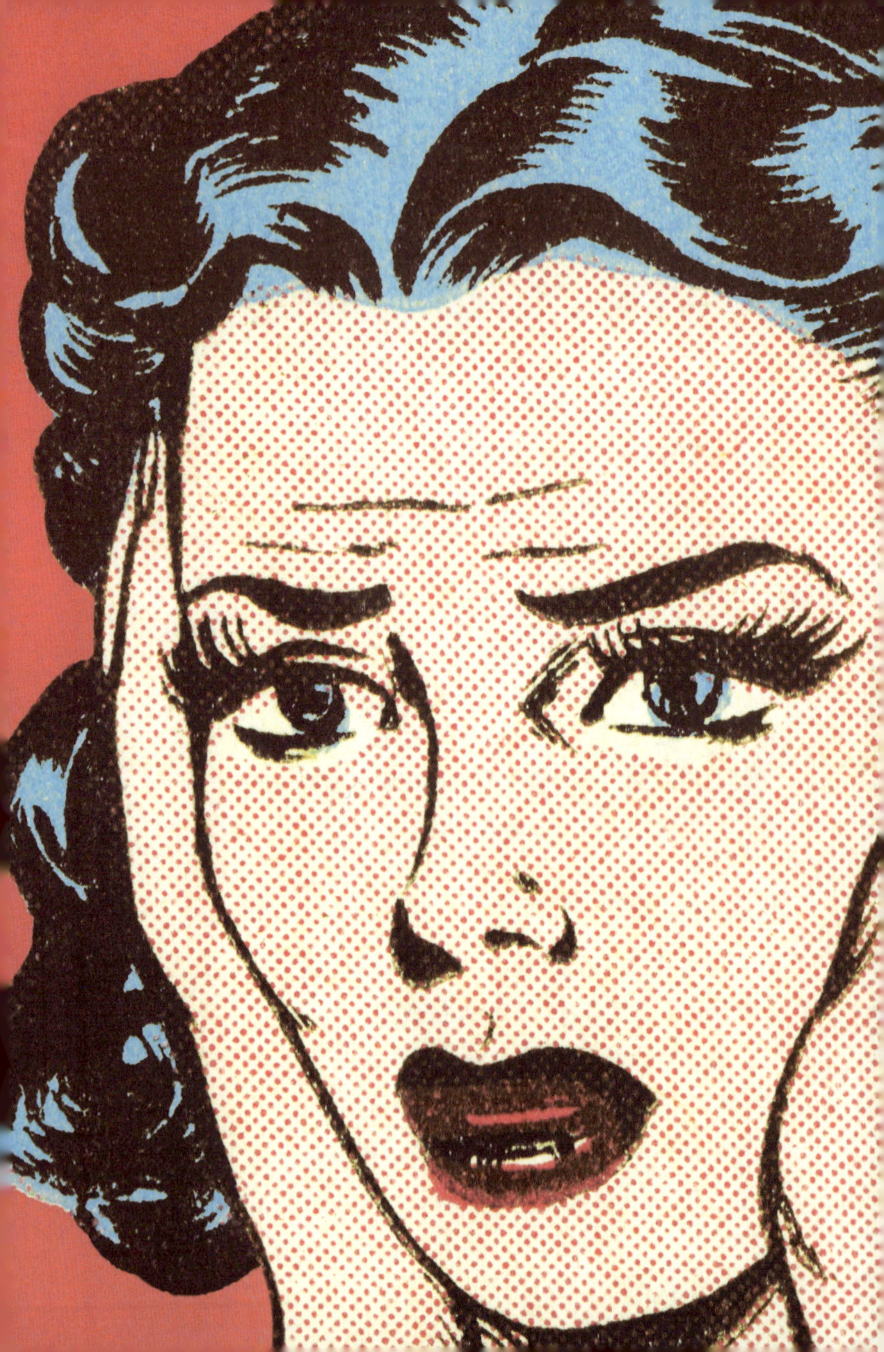

的选项。

只有在错失之后,才恍悟何为良机。

这就是"太迟了"的矛盾之处。意识到来不及了,并非只是意识到已经来不及做某事了,而是同时意识到在它本可以实现的时刻,我们却恰恰没意识到它的可行性。

这个"太迟了",就是我们在不知自己有选择的情况下放过的一个选择。是错过一个没被我们察觉的机会,是错失一个曾几何时对我们而言根本不似机遇的机遇。

"太迟了"让人愤愤不平的地方在于,和负罪感、羞愧或者内疚不同,它不是有意识地行动但结果不尽如人意,而是行动在我们毫不知情的情况下业已失败。

这"为时已晚"将我们置于一种身不由己的失败当中,显得极为不公平。我们错过、痛失或者浪费了一个关键机遇,甚至还没来得及意识到它原来是一个关键机遇。

独具只眼……否?

有多少错过的时机、多少漏掉的机遇都只是因为我们目无所见,而非缺乏意愿。

亚里士多德曾言语犀利地谈论过"*kaïros*"(契机)这一概念。他愿称之为行动的"T瞬间"(Instant T)。在这一刻,一切尚在酝酿反转之中。这关键的一刻,早一分则过早,迟一秒则太迟。

在《尼各马可伦理学》的第6卷中,亚里士多德赞美了那些懂得当机立断和相时而动的聪明头脑,丰富的经验赋予了他们一副好眼力,能正确地看待事物。[1]

那是不是又得开启新一轮自责了?这次不是埋怨自己让机会白白溜走,而是自责根本没能看见机会,不具慧眼,缺乏洞见。

不过,我们也不妨换一只"慧眼"看问题:或许,不是我没看见,而是机会自己深藏不露呢?或许,是机会太过昙花一现而难以捕捉呢?

"太迟了"的问题其实在于:它让我们误以为真的有这么一个机会,只是我们生生错过了。但也许实际上根本就不曾有过这样一个机会呢?

又或者,其实不是我们错过了一个机会,而是机会错过了我们呢?

---

[1] 亚里士多德,《尼各马可伦理学》(*Éthique à Nicomaque*),卷6,1143b。

06

无动于衷

每每度假归来，有一件事总会引起我的注意：很少有人承认自己整个假期其实啥事儿都没做。

每当承认自己没干什么正经事儿时，人们总带着点难为情或者自嘲的情绪……而这种"无为"却是对一个重要的哲学议题的绝好试验，那就是：冷漠。

这种冷漠，也可以理解为难以感到激动，或者难以采取行动，造成了人与人之间的疏离。19世纪著名民主政治家阿历克西·德·托克维尔（Alexis de Tocqueville）曾把冷漠看作个人主义泛滥的恶果，且是我们社会的头号公敌，甚至认为其危害性远超无政府主义和专制政权。

如此说来，在家无所事事（如果不把刷社交网络算作"事"的话），沉浸于内心的孤独，如此这般无害的个人主义行径，其实是一项比其表面看上去要矛盾得多，且内涵丰富得多的活动。

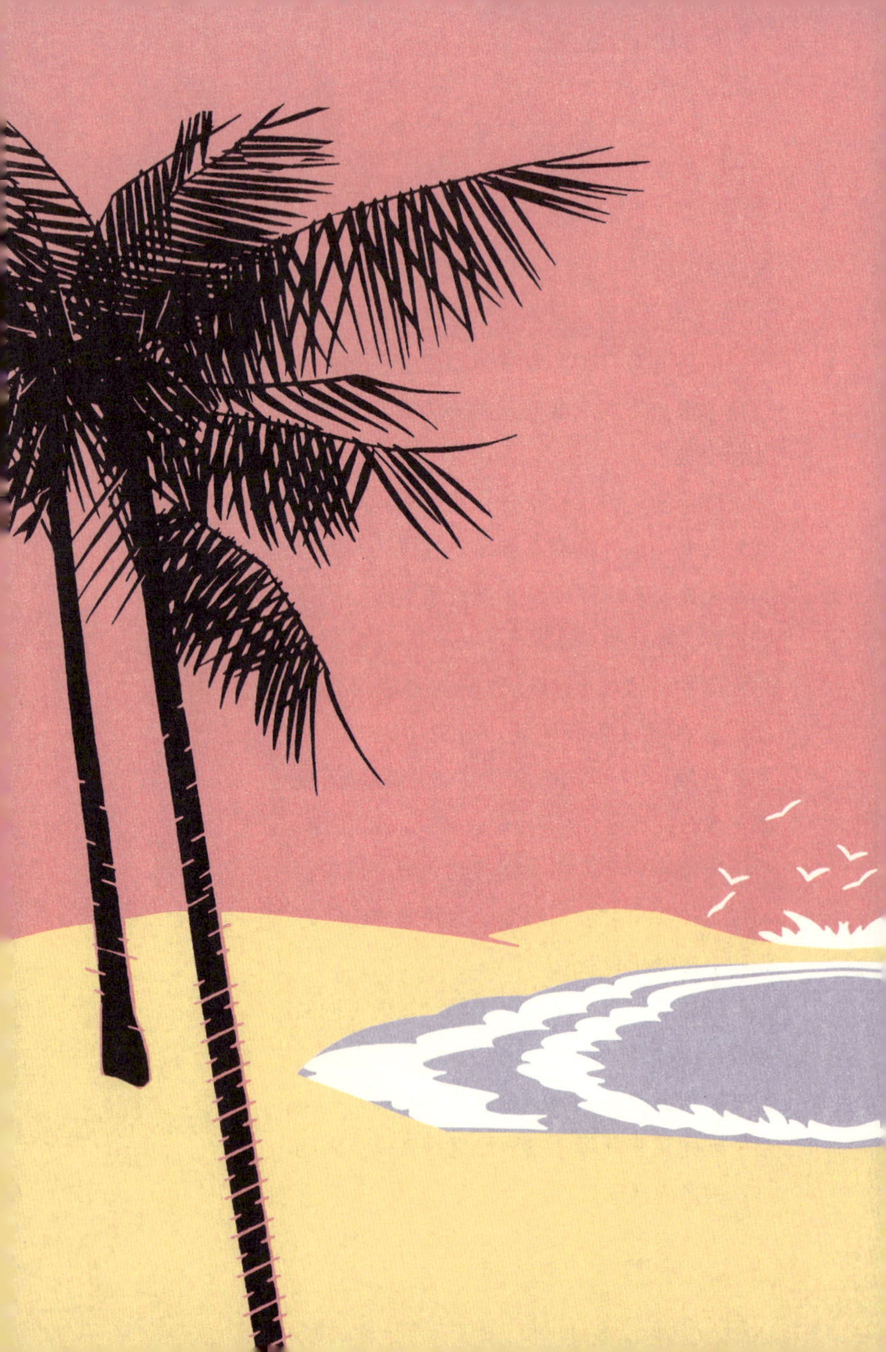

充分感受虚无

随着一遍遍了无生趣地刷着朋友圈,既不投入,也不好奇,更无感情地看着别人那充斥着烧烤、读书和海滩度假的光鲜生活,我们往往会感觉自己渐入了一种诸多玄门道派苦苦追寻的境界——禅。

但此处的"禅"有点不同寻常,是一种反向的禅,它不像一般意义上的"禅"那样具有丰厚的意境和内涵。反而,这种毫无深意的宁神静气和"宠辱不惊"常让人不禁感慨:人怎么能感到如此的……虚无?

托克维尔将这种冷漠和疏离看作一种极度的无精打采,但他难道没看出来,这实际上并非一种毫无知觉(只有麻醉或者睡眠状态才是真的让人知觉全无),而是在充分地、积极地、主动地感受着"虚无"(le rien)?

他难道没从这冷漠中品出一丝绝妙吗?眼前有这么一群男男女女,仿佛被赋予了一种恩典,能无缘无故地深陷自我之中,像一群歪歪斜斜的游魂,无声又无力,在大太阳底下做着白日梦,不可谓不稀奇。

幼虫之谜

这些冷漠麻木、作茧自"缚"一般的人,他们在想些什么呢?他们都是些什么人?他们走得出这种浑浑噩噩的状态吗?他们就不能读读书,出去透透气儿,或者退一万步,对随便什么事儿发表点意见吗?

一看到他们，一种叫作"幼虫之谜"（L'énigme de la larve）的东西就开始作祟了：蛰伏着的幼虫折磨着所有它们之外的东西，它们真真切切存在着，静静杵在那里，像一桩耸人的丑闻，让人们感到如芒在背，又百思不得其解。

意想不到吧。幼虫，无人知晓它们的意图，也猜不透它们为何蛰伏着一动不动，它们却也因此得以"无为而治"：它们引发争议，牵动人心，让人备感威胁。尤其是会引得那些耽于烧烤、辩论和冒险的人一阵思考和骚动。

由此不妨大胆假设：如果冷漠——这绝不积极主动刻意做任何事情的决心——才是最大的一种野心呢？

07

不太正常

一个稀松平常的夜晚,迟迟不肯关电视的我无意中看到一则公益广告,内容旨在向人们宣传喝酒的危害性。片中既无交通事故,也无醉酒性侵,创作者想要传达的反而是"适当饮酒"——这一人们本来并不觉得是什么危险行为——的危险之处。

屏幕上,一个年纪似乎并不大,没有喝醉,身体看上去没什么不好,精神状态也无异样的男人,换句话说,一个看上去很正常的男人,突然倒在了像是巴黎格勒纳勒大桥(Pont de Grenelle)的地方。

比这个男人毫无征兆的晕倒更让人感到惊讶的,是如今社会上关于"正常"的种种论调。哪怕是一些节制的、不过分的正常行为,也没少受到质疑或被吹毛求疵。

也就是说,一个正常人私下里可能"罪行累累":比如,多喝了一两杯酒啦,或者更糟糕的,连着两天都喝了酒;又比如,在咖啡里多加了几颗方糖,白天忘记了多活动

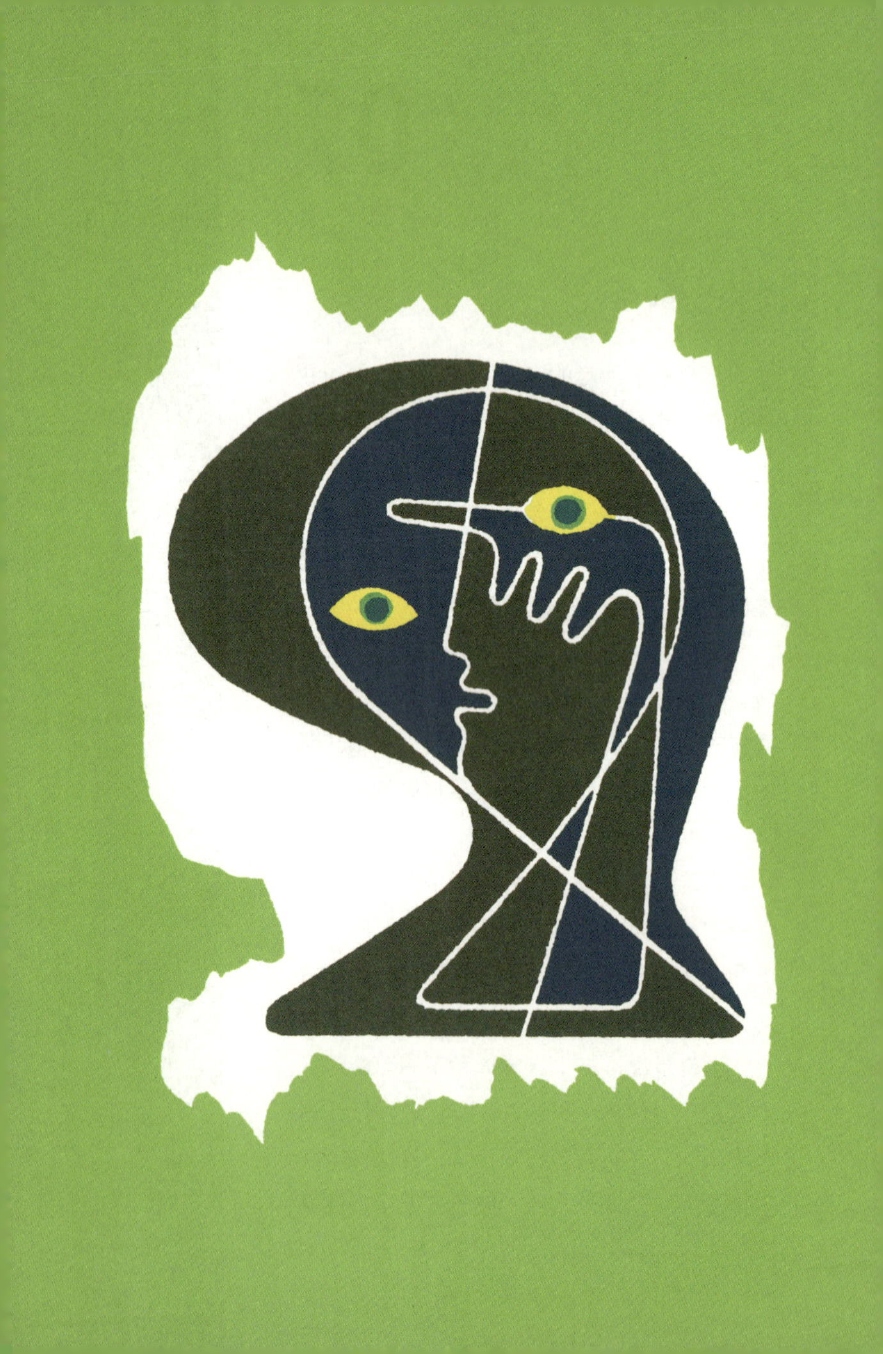

活动身体，戒烟之后又忍不住复吸了，工作太勤或者工作懈怠，饭前忘了洗手，抑或是偏爱的酸奶品牌居然只提供不环保的塑料瓶装……

人皆有"罪"

我可以花上几个小时历数这些看似合理、没什么毛病但也并非强制性的条条框框（就算我戒烟失败，也不会有警察上门逮捕我），但它们都不免让人感到，虽然自己是个遵纪守法的好公民或知书达理的文明人，可还是免不了这样或那样的罪过……

我可以花上好几个小时历数这些我们自发尊重也自觉遵守了的规章制度，到头来却仍感到自己做得不足。

我能数上好几个小时……或许，我们每个人都可以数上好几个小时。可是生活中总存在着这种矛盾但普遍的感觉，即感到自己不正常：总觉得自己要么未能达标，要么做得过火，要么太疏远了与人群格格不入，要么太冒进了被排挤。诸如此类，泛滥成灾。

康吉莱姆和他的"正常"

乔治·康吉莱姆在他的《认识生命》一书里曾提出：

> 正常有时意味着一种平均特征，与其偏差越是醒目，越是罕见，而有时，正常意味着一种普遍特征，

其重要性和生命价值正体现在它的不断繁衍、复制和增殖中。[1]

换句话说,正常既是一种规范、一种规定,也意味着一种普遍性,即集体生发性。如果说,感到自己不太正常,是一种正常且普遍的共同心态,这似乎意味着"正常"这个概念本身就是由诸多的"不正常"构筑的。

因此,"规范"让人感到意外的地方,是它其实包含了众多的不正常、众多的差异和越界。

但这也正是"规范"的意义所在。如果没有了游离在准绳之外的东西,规范也很难自我界定。可规范所内含的矛盾之处也在于此,它总是试图谴责、怀疑、消解其自身之外那些所谓不正常、不规范的事物,尽管没有了后者,它自己也将无处立身。

所以,为什么总是喜欢宣扬"正常"、视"正常"为贵,将"正常"看作绝对的善或者完美的化身呢?更重要的是,为什么总喜欢让一个正常人备感负罪,而他的"罪过"不过是不强求完美罢了……

---

[1] 乔治·康吉莱姆(Georges Canguilhem,1904—1995),也译作康吉连,法国哲学家。引文出自:《认识生命》(*La Connaissance de la vie*,1952),《正常与病态》(le normal et le pathologique)。——译者注

08

时光流逝

我很喜欢买罐装沐浴露。每次开启新一罐的时候（对别人来说，可能是一管牙膏、一瓶润肤露或者一袋咖啡），我都会问自己：等这罐用完时，我会变成什么样的人呢？

而每当我用完一罐，同样的问题依然会浮上心头：第一次打开这罐沐浴露的时候，我是个什么样的人呢？

第一次扭开盖子的时候我在想些什么呢？那是一个周一还是周六上午来着？那时的心情好还是不好？那个时候的我在关注些什么，那一天又发生了哪些新闻呢？

从沐浴露到白砂糖

除去一些无关紧要的细节（沐浴露罐子）和一些自恋成分（总是我、我、我），这些自我追问里藏着一个很关键的议题，即如何衡量每一日发生在自己身上的变化。

亨利·伯格森在他的《创造进化论》里

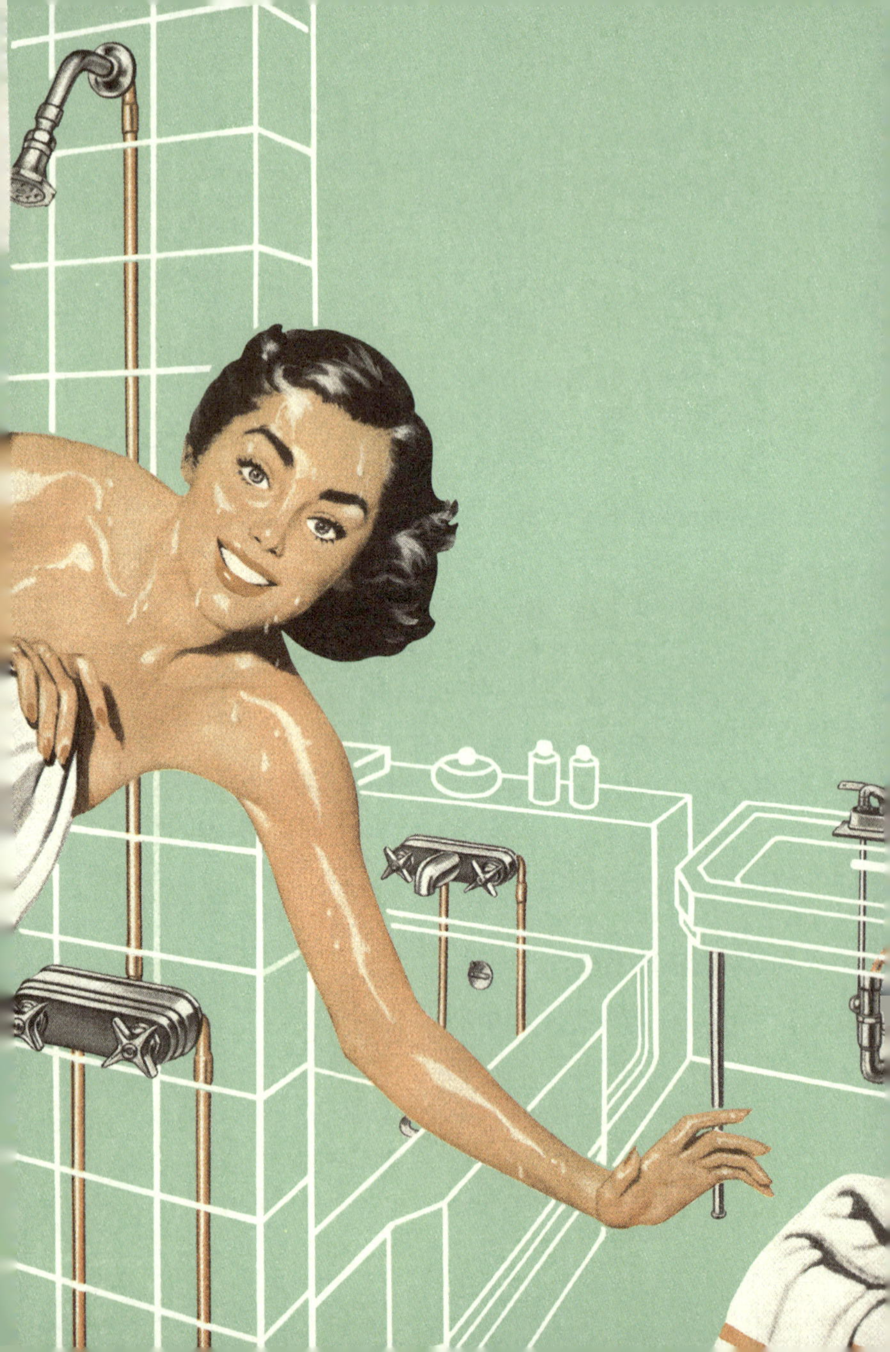

也表达了同样的关切,只是这位提出"绵延"理论的大哲学家注意到的不是沐浴露,而是白砂糖。

> 若想调和一杯糖水,无论怎样也要等待糖的溶解。这一事实虽不起眼,意义却很重大。因为,这里我们必须等待的时间,不再是同样适用于物质世界的整个历史的数学时间,即便那一历史可以即刻在空间展开。我们等待的时间与我们自己的一部分绵延,即不耐烦的心理,有相符之处;对于自己的绵延,我们不可能随意达到伸缩自如的地步。[1]

伯格森还补充道:"因此,它已经不是被思考的东西,而是生活着的东西。"

和伯格森一样,我也试图通过沐浴露罐客观上的日渐清空,去感受我这一个体所经历的改变……唯一不同的是,对我而言,我还试图调和"被思考的"与"生活着的",调和沐浴露的流逝与我个人的变革,调和时间与绵延,调和客观与主观。

伯格森一定会告诉我,我这是明知不可为而为之:我们

---

[1] 亨利·伯格森(Henri Bergson,1859—1941),《创造进化论》(*L'Évolution Créatrice*,1907),译文节选自《创造的进化论》,陈圣生译,漓江出版社,2012。——译者注

没有办法客观地、正确地、时间性地去衡量一种以难以察觉的、外延的、混沌的方式发生的改变。

身份与绵延

不过，我也想问伯格森：为什么，即便知道变化是难以察觉的、外延的和混沌的，人们还是不由自主地想要标记人生某些重要的时刻：学会走第一步，18岁成年，买下第一栋属于自己的房子，第一次经历离别，或是退休之日解甲归田。

为什么，无论是回忆往昔还是规划未来，无论是躺在贵妃椅上数着眼角的皱纹或是研读自己星座运势的时候，总希望时间能够停下呢？

或许，我们想要掌控的，不是时间本身，而是自己。

我们并非想要重拾逝去的时光，而是能够记下每一个深刻改变了自己的微小事件，衡量走过的路，发掘人生的悸动，考量人生的现状，更好地规划未来的方向。

如果我的沐浴露罐不能帮我衡量走过的路，还有谁能呢？

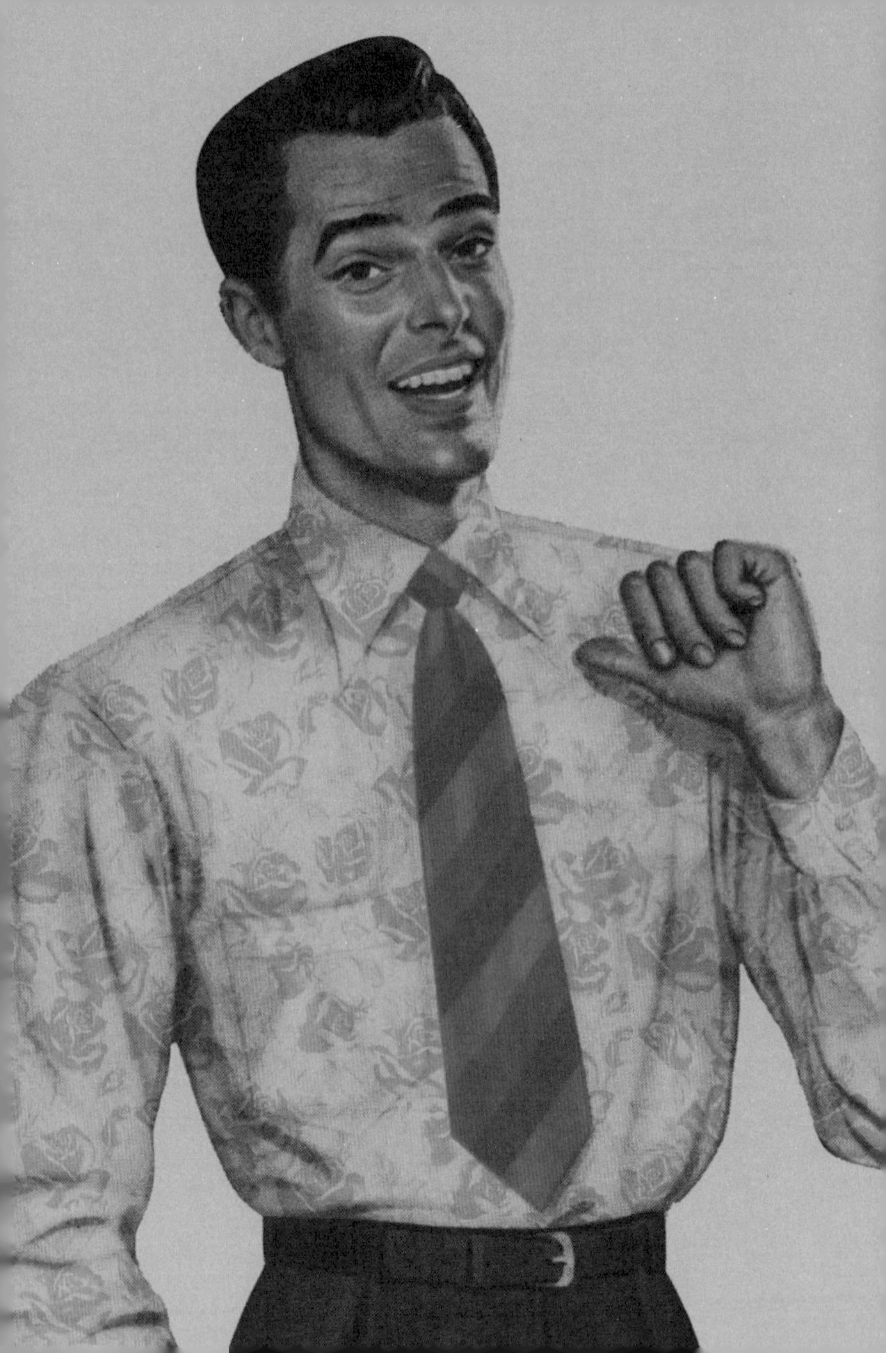

CHAPTER 2

第二章

口头禅

01

作为××

你有没有注意过那些以"作为××"开头的句子?

也不知是为什么,可能是出于对地点、氛围或者说话对象的考量——换句话说就是所有我们称之为"背景场合"的东西——我们常常听到以下这些以"作为……"开头的句子。

"作为你妈妈""作为一位面包爱好者""作为一个女人",甚至有时会听到"作为一个人类",当然还有那些屡试不爽的,跟着各种表示职业、身份或者地位的"作为":"作为项目负责人""作为发言人""作为医生",以及最近开始频繁出现的"作为流行病学家",等等。

中学时,我的一位老师,同时也是我的班主任,每次上课伊始都觉得有必要强调一下今天是"作为谁"来和我们说话的:"现在,我作为班主任和你们说几句"或"从现

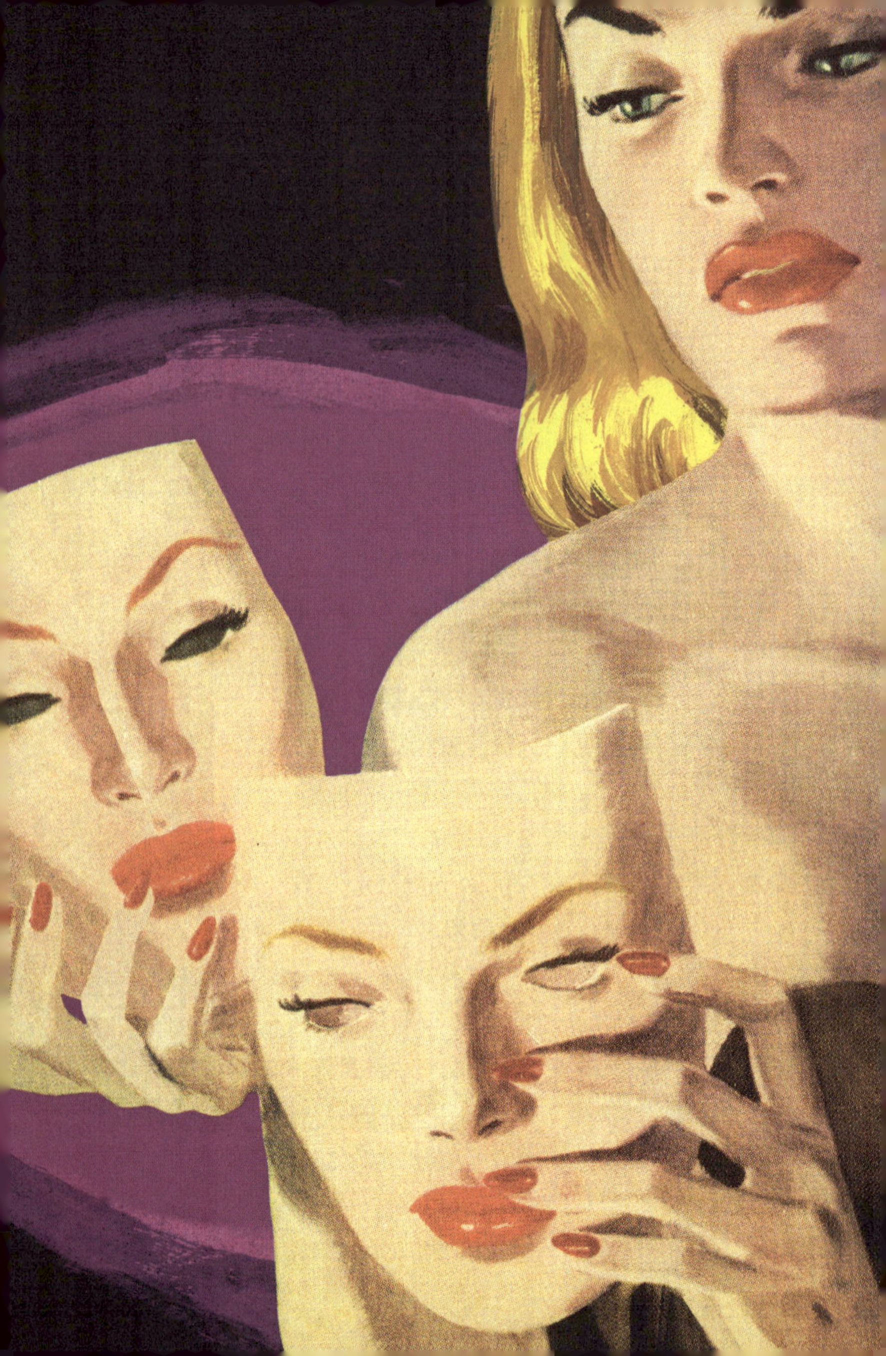

在起，我重新戴上法语老师的头衔"[1]，边说还边做着一个戴帽子的动作。

我没少私下里打趣她，尽管说话时先表明自己的身份也挺好的……但真的需要时时刻刻强调这一点吗？这才是问题的关键所在：在何时需要使用这样的表达法？也就是说，在哪一刻人们会觉得有必要点明自己是作为谁在发言的？

"作为"之三则

经过多年潜心研究（并没有），我总结出了"作为"的三类主要用途：

- 首先，强调经验或者能力上的差别，如同上文中我的法语老师那般："我现在是以一个法语老师的身份给你们讲解巴尔扎克（Balzac）的文章，而不再是那个负责组织博物馆教学一日游的班主任。"此处，说话者似乎只是简单地明确一下身份信息。
- 但细想之下又绝不简单。每当我强调说明我是"作为××"说话的时候，很少是出于谨慎，大

---

[1] 原文为"我戴上法语老师的头盔（casque）"，表示自己现在以某种身份来发表意见。相当于戴上某种面具。法国儿童游戏里也有类似的身份扮演游戏，例如让小朋友假装戴上代表"国王"等不同身份的帽子，以鼓励他们在身份受到保护的情况下说出真心话。——译者注

多是为了强调我的发言是多么理所当然:"作为法语老师,我比你们更懂巴尔扎克,因此请你们乖乖打开笔记本,开始做笔记。"

也正因如此,在辩论当中绝大多数人都觉得必须要突出一下自己是以什么身份在说话,其目的不是为了让辩论内容更为丰富翔实,或者进一步明晰自己的观点,而是为了将自己的观点强加于人。

- 最后,有一种用作借口或者前提的"作为",它和强调发言合理性的"作为"一样独断霸道,只是多用于比较私人的领域,例如最为常见的:"作为你的朋友,我不得不说你这样可不行"……

身份之凋敝

谨慎提醒也好,强调合理性或用作单纯的借口也罢,让人意外的是,以上种种试图借强调身份以放大自己言语效用的做法,到头来往往是无用的……

就好像说话对象不知道你是谁似的,更准确地说,就好像你不知道你自己是谁似的。说话打一枪换一个地方,观点飘忽不定,身份句句不同。

亚里士多德在《工具论》里说得好:

> 所谓性质,指的是事物根据它而被说成是如此这般。[1]

这也揭示了"作为××"这一说法的问题所在:随着不断变换着强调我们是依何种身份而言出于此,反而会导致身份的弱化、割裂,最终碎化、迷失在太多不同的性质里。

可不是吗!当我自诩"作为××"时,我不再是热拉尔迪娜[2],我不再是我,而是退化成了一种单独的性质、一个轮廓、一个标签……我的名字不再有意义,我只是那个"××"。

1　亚里士多德,《工具论》(*Organon*),《范畴篇》,第 8 条。

2　即作者本名 Géraldine。——译者注

02

我不反对，但……

你可能（绝对）听过这样一种说法，且可能（也绝对）被这样的说法激怒过："我没什么反对的，不过……"有时也写作："我赞同，但……"

总的来说，这种肯定加否定的表达法经常活跃在各类重大问题的讨论中。

有一次，在一档探讨言论自由的节目中，我听到其中一位受访者宣称："我不反对言论自由，但……"，他随即补充道，"但的确我们也不该想说什么就说什么。"

生活中，有多少这样模棱两可、前后矛盾的糟心话？有多少"啊，我不反对哦……但……"，有多少人，包括我们自己，也经常会欲抑先扬，先肯定一件事紧接着又有所保留甚至反过来否定它？到底有多少这种自我撤销式发言？多少的"没错，但……"？

委婉乎？矛盾乎？

问题其实并不出在"但是"这个字眼儿

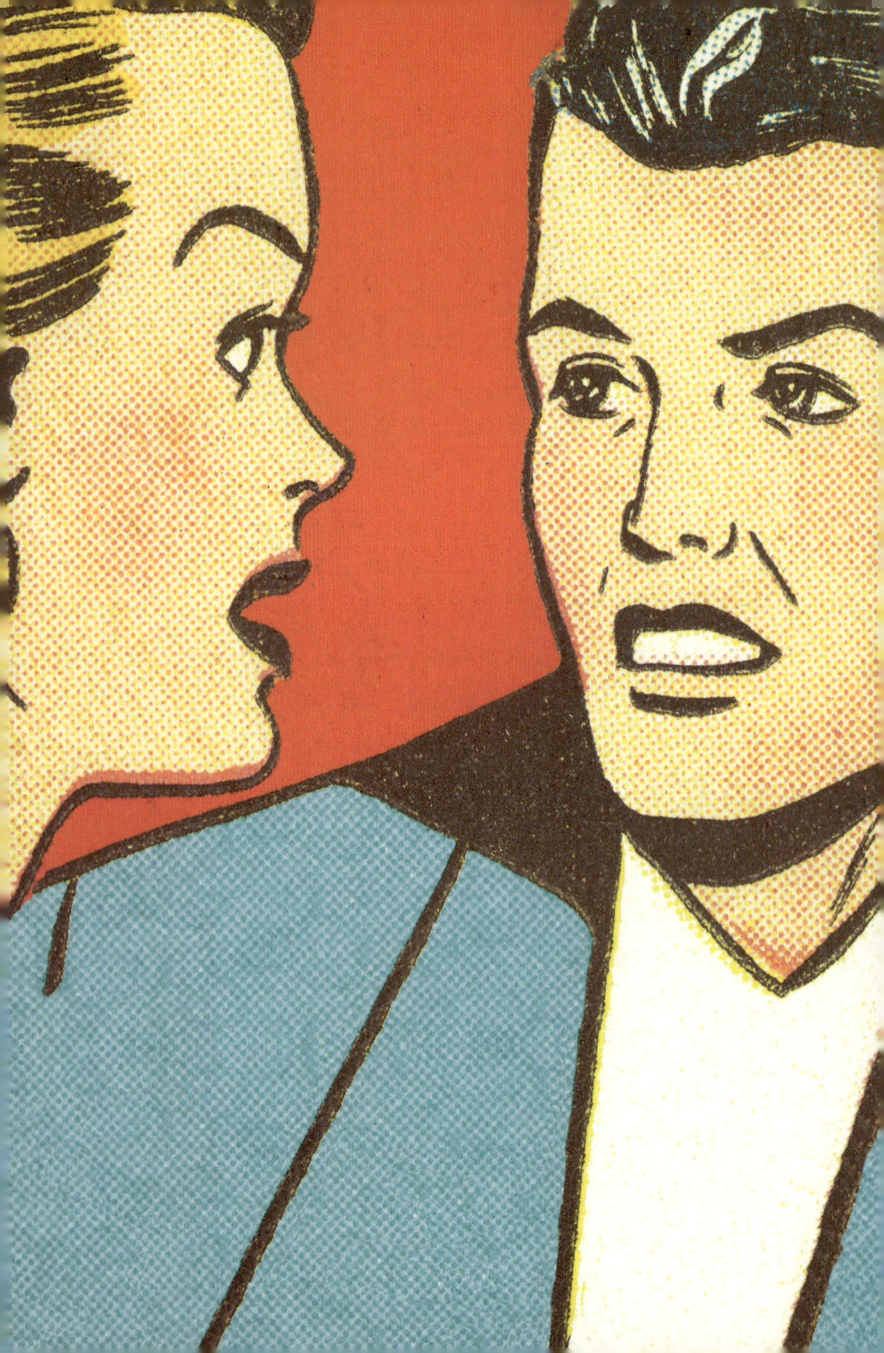

上,从语法上说,它不过是个必要的并列连词,和"那么"或"所以"等没什么两样儿。

所以,我对"但是"没什么意见,但是……有一说一,这类连词的使用大多是为了方便我们在同一个句子里先肯定一件事,再肯定它的对立面,最后达到"说了等于没说"的效果。

那么问题来了,使用这种"我不反对,但……"式表达法的人到底想表达什么呢?

是真的想让自己的发言多一丝分寸?或想要深化完善自己的观点?要是果真如此,反倒值得称赞。还是说,恰恰相反,它只不过是笨拙地自相矛盾?

又或者,它是妙计一个?旨在向别人兜售一种本身不太说得过去的观点,同时又婉转而谨慎地保全面子(自己的脸面也好,整场无谓辩论的门面也罢)。

必有一"但"

试想,一个人当着你的面宣称"言论自由很危险",就这么当头一棒,简单直接,你一定会立刻表示反对,觉得对方太过激进且不留余地。你没法和一个根本没有讨论意愿的人好好讨论一件事情。

然而,当同样的人和你说"我不反对言论自由哦,但它也有危险之处",会不会立马不同了?是否一旦对方选择在"但是"一词之后才表达自己的观点,你就立马感觉好很多？是不是说到底,"我不反对,但……"只是一种惯用又管用的交流方法呢?

这便是"我不反对,但……"的矛盾之处。它以看似小心翼翼、谨慎斟酌的语气去肯定一个没那么肯定的观点,或者说,以沟通或对话的名义去掩盖一颗根本不想沟通的心。

几年前,一个大获成功的音乐剧里就有这样一首歌,歌词里毫不犹豫地唱道:"但(万事)总有一个但是"[1]。

除此之外,还有一个参考案例,出自剧作家让·阿努伊的戏剧《相约桑里斯》,剧中有这样一句话:

生活中总有一个但是,当我们刮掉一点事物的表皮。[2]

句子很迷人,但我完全不同意……而且,我的不同意中不含丝毫的"但是"。

---

1 指法国音乐剧《罗密欧与朱丽叶》(*Roméo et Juliette*)的插曲《世界之王》("Les rois du monde")中的一句歌词"Mais il y a un mais"(但总有一个但是)。——译者注

2 让·阿努伊(Jean Anouilh,1910—1987),法国著名戏剧家,一生极为多产,代表作有改编自古希腊戏剧家索福克勒斯(Sophocle)的《安提戈涅》(*Antigone*),此处提到的戏剧《相约桑里斯》(*Le Rendez-vous de Senlis*)于1941年在巴黎蒙马特区的工作室剧院(Théâtre de l'Atelier)上演,其剧本在1942年出版。——译者注

我不同意，不仅仅因为生活中的"但是"不止一个，而是成千上万个，更因为我们甚至都不需要动手剥去事物的表象就已经能感受到这些无穷的"但是"了。真正的问题在于，我们的生活中有太多毫不遮掩的"但是"牵连出了太多不负责任的观点……

那么我们不禁要问，为什么？为什么不敢承认自己的所思所想，承担自己的所行所言呢？

03

何如何如,难识庐山真面目

有时你会撞上某个词汇,随即发现处处都能听到它。你也搞不清楚这是最近的流行语呢还是什么新梗,抑或只是一个随意的口头禅……但它就在那儿,躲也躲不掉。这便是围绕着我和词语"何如"(quid)之间的一段际遇。

只需去谷歌里搜索一下这个词,你就能感受到它的铺天盖地和五花八门的用法,尤其是在时事专栏里,例如:

> 今年寒假将何如?专家给您来支招。
> 疫情时代,剧场今何如?
> 马雷内市:疫苗接种中心现何如?
> 远程办公时代:卢森堡办公区人去楼空当何如?

何如,如何,何如。万物皆"何如"?寒假何如?空房何如?剧场何如?

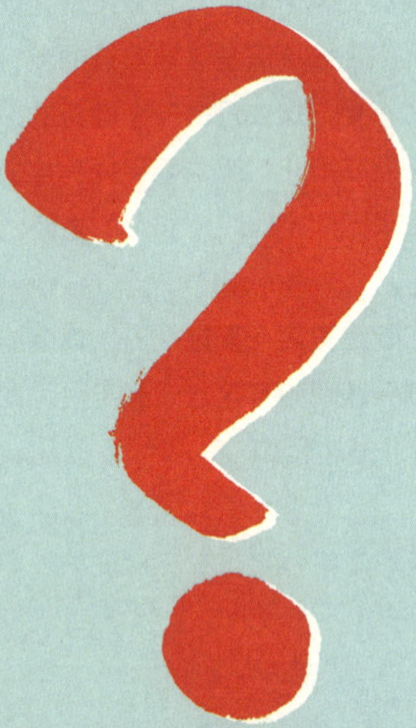

但重中之重，是这个"何如"，究竟如何？

偷工减料、附庸风雅或语焉不详

为什么这个词如此泛滥成灾？明明存在其他更加明确的表达法，例如"××进展如何"或老老实实地使用"为什么""怎么样"等打头的正规问句，可为何大家总喜欢张口闭口"何如""何如"？

的确，它比组织一个规规矩矩的问句来得更快一些，但何必如此偷工减料呢，明明好好提问也花不了多少时间。

真的是因为偷懒、图方便吗？又或者……有点赶时髦的意思？

不要忘记了这可是个古拉丁语（同样的，还有类似于"*in fine*"[1]这样的雅语），不要小看这一丝古风雅韵，它在掩盖所提问题的模棱两可之处或想含糊其词之时常有事半功倍之效。

这也是"何如"一词最恼人的地方。不是因为它暴露了我们运用语言时喜欢偷工减料或者附庸风雅的陋习，而是它暴露了我们对自我诉求的不确定：我们不知道自己到底要问什么。

有意思的是，如果说"何如"一词几乎霸占了各种类型的提问，从最无聊的（卢森堡的空置办公室）到最"有聊"

---

1 拉丁语，意为"终于"。——译者注

的（今冬假期的精彩安排），它似乎都没能明确问题的内核究竟是什么。

它似乎只是标明了这里有一个问题，但究竟问了些什么，我们不得而知。

从"何如"到"事物之所是"

质疑和提问，不正是哲学最重要的任务之一吗？没错，在哲学领域，有一个和"何如"（quid）颇为相近的词，叫"quiddité"，是"是其所是"的意思。

亚里士多德在他的《形而上学》中如是说：

> 每一个东西的是其所是，实际上就是对作为这个东西本身的实体之所是的揭示，换句话说，就是这个东西的本质。[1]

数个世纪后，马丁·海德格尔在《存在与时间》（Être et Temps）一书里进一步指出，对他而言，最重要的并非事物的"是其所是"（即事物的本质），而是事物的"如何是"。

但意思都是一样的：了解、确定、定义一个事物本身，即了解事物的本质（是其所是），是哲学的关键所在（尽管人们也一再批判这一研究思路及其衍生的研究方法和结论）。

---

1 亚里士多德，《形而上学》，卷 Z，1031a。

这是否意味着，每当我们用"quid"提问的时候，也正是如此，也就是说，它是一种象征，象征着我们正在提出一个最为基础的问题，一个关于本质的问题，一个问题中的问题。

但真正的问题是，我们期待什么样的回答呢？我们真的想知道所有这些跟在"quid"之后的事情究竟如何了吗？我们真的想知道今年寒假还能怎么过或者疫情时期的影剧院将何去何从吗？不，我们不想。因为我们要么早已知晓，要么就还不甚清楚。也就是说，现在知道要么为时已晚，要么还为时尚早，未有定论。相反地，我们想知道自身何如吗，想知道自己的生活、自己所处的世界何去何从吗？是的，这些我们很想知道……之所以有这么多的"quid"，是因为在生活中，尤其在疫情下，我们内心有太多的为什么。

所有的这些"何如"翻译过来都不过是一个问题：我，何如？

04

省略号之癖

昨晚我收到了父亲发来的一则短信。

父亲以前经常给我写信，其特色就是喜欢使用省略号断句……随着时代的发展和通信方式的全面升级，再加上年事已高，父亲对省略号的使用日渐频繁，这从每个省略号点数的增加中就可窥见一斑：不再只是三个点，而是变成了五个甚至六个点[1]，有时候也不只用在句子结尾，而是夹在每一个从句甚至每个词之间。最终导致一条短信中充斥着和字数一样多的点点。多到我不得不开始思考：他到底想和我说些什么呀？是话到嘴边口难开？还是压根没有找到合适的表达方法？

这些点点点，是在展现他的思考如何逐步成形，还是正相反，展现了他的思考如何难以成形？是语言没法表达出其思维的细致微妙之处吗？还是他在邀请我加入交流，想

---

1 法语文本里的省略号通常为三个点，而非中文中的六个点。——译者注

让我来补全这些句子？总而言之，我父亲的满屏省略号造就了我满脑子的问号。

没"完"没"了"

这下好了，我卡在了一句永远不会完结的句子末尾，到底谁还能和我说省略号是为了略过。

这恰恰是这些"点点点"的矛盾之处：它们的出现意味着这里有什么东西被省略了、被悬置了。它强调了这里有一个漏洞、一个空位、一个缺失。"点点点"不但没能补上这空缺，反而让空缺更加显眼。无论是有意使用还是无意而为，省略号的出现都像是在说：此处我还有话要说，但我选择不了了之。

换句话就是，我还想说点什么……但我一时语塞，我的思绪太过强烈，信息太过复杂，难以言说。可仔细想想，这都不啻为我和对话者之间一种信任的缺失或默契的不足。

因此，从几年前开始，我养成了一个习惯，发短信时只使用两个点的省略号，旨在不太做作、不求雕饰地强调一种默契。那种我不需要向你眨眼示意，彼此也可心领神会的默契。省略号堆叠到极致，我们反倒发现，它们与其说意在留白，不如说是在费神费力地一个点一个点填补某些空白……

空缺之重

如何能对这些明晃刺眼又绵延不绝的省略号视而不见？

这个旨在以不易察觉的方式轻轻打断或终止文句的标点,最终却以几个硕大圆点的形态杵在我们眼皮之下。

而这些"点点点"的矛盾之处,不仅在于它们是对缺失的一种标注,也不在于它们无论如何都想要冒充点意义,而在于它们的出现,总让人不免沉重地想到,说话者此处其实无话想说。

> 构思之缜密则表述之清晰,理之顺则章易成。[1]

你一定听说过文人尼古拉·布瓦洛的这一名句,请注意,这个句子可只用了一个句号(!),却足以让我们思考以下几点:为什么人们不直接承认自己就是无意说完自己的句子,而硬要以点充数?为什么不干脆直接建议对方来补完这个句子?为什么不承认自己就是没能找到合适的词汇?甚至,为什么不直说:"我想好了要和你说的话,但我懒得一个字一个字打出来了",或者"我其实啥都没想好,但这优雅神秘的省略号着实替我解了围"?

省略号——问题更多出在我们身上而非符号本身——它显示了一段关系中的空白是多么的让人难以忍受……因为一旦有了空白……我们就被迫要去用无意义的符号填补它。

---

[1] 尼古拉·布瓦洛(Nicolas Boileau,1636—1711),《诗艺》(*L'Art poétique*,1674)。

05

微笑挤眼表情

表情符号在历史上有过各种称谓：例如émoticône、smileys 或者 émojis[1]。不过，自1999年以来，法兰西学院则建议将它们统一叫作 frimousses（小脸蛋儿）或者 binettes（滑稽脸）。它们一般出现在虚拟消息中，像标点一般，用来表现难以形容的感情或加强某种语气。除去一些让人匪夷所思的表情包（比如我妈妈常在短信里夹杂一个"茄子"符号），常用的表情符号不过那几种（微笑、流泪、大笑）。因此我常会为某些人在表情包一事上的创造性感到无比吃惊和敬佩，他们能穷尽万千的表情包海洋，直到找出无比贴合的那个。以前人们发朋友圈时想要找到完美标签（tag），现在大家追逐完美表情……

而在这其中，有一个很常用的表情符号

---

1 都是法语里表示表情包的词汇，尤其代指黄色圆脸符号这类系统表情符号。——译者注

让我百思不得其解：微笑挤眼小黄脸。

有些人从表情包里看到了语言的衰落，继而引申为思想的退化……但在我看来，最值得注意的其实是"微笑挤眼"（😉）这一特定表情包的过度使用。

我们不妨想想这个无关紧要的问题：有谁会在现实生活中不停地对人挤眉弄眼呢？

微笑挤眼，或有风险

除了花花公子，我几乎不记得还有谁会经常挤眉弄眼。既然这个动作几乎成了此类人等的经典标志，为何人们还总喜欢在短信里使用它呢？这个小表情到底隐藏了什么含义？

不得不说，收到这样的表情包总会让人产生一种奇怪的印象：如果不是真的用作一种抛媚眼般的（失败）诱惑手段，它看上去倒更像是一种讽刺，甚至有一丝嘲笑的意味，且还这么毫无顾忌地矗立在我的眼皮底下。

这样看来，使用微笑挤眼的表情总归有点冒险：一方面它很有可能会冒犯到收信方；另一方面，它可能会让一条意在隐晦讽刺的消息变得完全不那么隐晦了……

但无论如何，这张眯着左眼的黄色小脸主要还是被用来表现一种（正如它本身的定义）善意的默契。

因为，除了默契，这种眨眼到底还能意味着什么呢？可矛盾的是，如果双方确有默契，何必还要特意强调呢，甚至光用文字还不够，还必须多加一个图像符号？

因为是你，因为是我

想想看，当你给一个朋友发消息时，并不会特地强调你俩之间有多默契。你当然会想法儿表达友谊之情（比如使用一个心形符号），但不会一个劲儿强调默契。为什么？

因为默契不是靠说的，它是一种心照不宣和心领神会。我们互相联系因为我们彼此了解，我们彼此了解因为我们经常联系。

试想一下，大文豪蒙田以这样的方式写信给自己的一生挚友拉博埃蒂[1]："因为是你，因为是我，☺"。不可能的，这完全行不通。因为在蒙田看来，真正的友情更应该像以下这段话所描述的那样：

> 我说的友谊，则是两人心灵彼此密切交流，全面融为一体，觉不出是两颗心灵缝合在一起。[2]

而每一个眨眼符号都不啻为一种敦促。像是无时无刻不把那个将我们缝合在一起的东西挂在嘴边……这种一个劲儿

---

1 即 Étienne de La Boétie，又译为拉博埃西（1530—1563），法国人文主义作家、诗人、法国政治哲学奠基人之一，也是蒙田最为亲密的挚友。蒙田歌颂友爱最著名的句子"因为是你，因为是我"便是写给拉博埃蒂的。——译者注

2 米歇尔·德·蒙田，《随笔集》，《论友爱》（"Sur l'amitié"），译文出自马振骋译本，上海译文出版社，2014。——译者注

的暗示，根本算不上什么密切交流，这样的两个灵魂也算不上融为一体，它们与其说彼此交融，还不如说是在艰难地互相试探，假装心领神会。

据此，我斗胆猜想：使用微笑眨眼的表情符号，不过是在刻意假装一段子虚乌有的友谊，借用蒙田的另一句话来说，不过是泛泛之交而已。

06

对荒谬之旅敬谢不敏

"荒谬"之旅、"荒谬之国"、"欢迎踏上谬土"……一旦涉及一些人们自认为荒唐无度的事情时,"荒谬"(absurdie)一词就会冒出来。

在大众媒体、社交网络或朋友圈中,似乎随便什么政治、社会、文化事件都可能被冠以"absurdie"(荒谬至极)的名号,以至该词被用得泛滥成灾。

可"absurdie"这个词本身并没什么大问题,它合乎情理地指代一种难以想象的荒谬事实,真正的问题出在它太过频繁的使用,导致"absurdie"一词本身变成了荒谬之荒谬……换句话说,泛滥的使用让它变得极其庸常无趣,变得既不难以想象,也无"至极"之处。

离经叛道之事,约定俗成之词

从词义上看,"absurdie"指的是荒谬之地或者荒谬之国,人们把表示地方的后

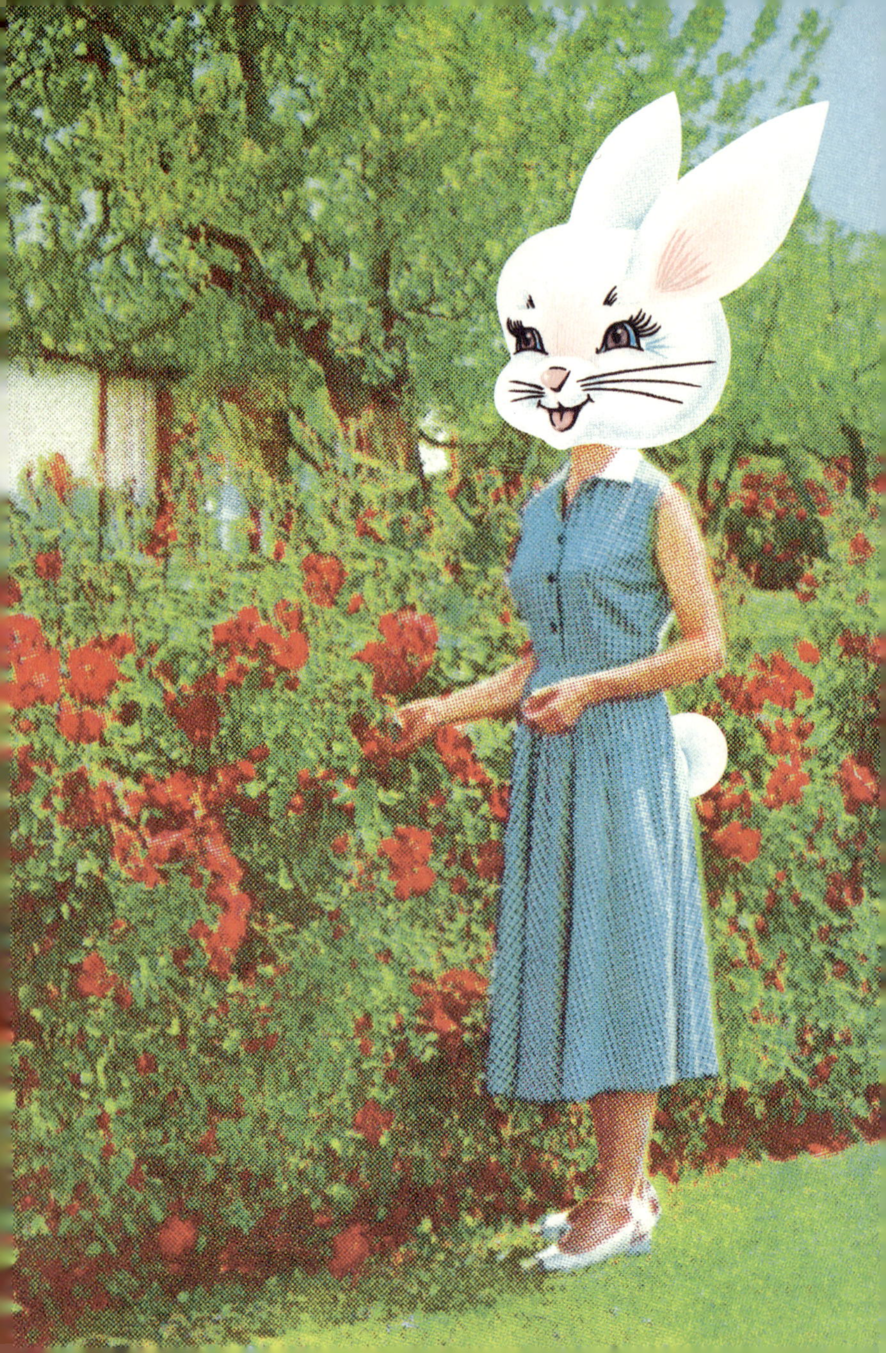

缀"-ie"加在"荒谬"一词"absurde"的词尾，便造出了一个类似国名的词汇，意指一个荒谬为王的国度。

也就是说，作为一种讽刺的表达法，它形容一个地方管理无度、无法无天、万般随意。

如此一番解释，就像是给了"荒唐"一片自治之地，那里无理反成章法、荒谬俨成例律，那么经常使用这个词有什么问题呢？

毕竟，让人瞠目结舌、备感荒唐的政策、行为和情境不胜枚举。如果"absurdie"真如其名，那它便代表着对一个时代荒谬之处表示愤慨与抗议，甚至可以说是不分青红皂白地一阵乱轰。

可是对"荒谬"一词的胡乱使用就不荒谬了吗？的确，人们不仅不觉荒谬，还让它变得无比合理恰当。那么矛盾就来了，有什么不满的事情，抗议一下、定个荒谬之名就完了，就好比万般皆下品，抗议就成理。

一"谬"盖之或模糊待之？

难道，我们就满足于用一个约定俗成的词汇，去一概而论所有在我们看来荒诞不经、骇人听闻或卑劣可耻的行径了吗？

一说到"荒谬"的概念，哲学家们就会习惯性地引用加缪和他的《西西弗的神话》(*Le Mythe de Sisyphe*)，在这本书中，加缪从源头梳理分析了人类身上对清晰理智

近乎疯狂的渴求。但哲学中也存在另外一种声音,就是西蒙娜·德·波伏瓦和她的《模糊性的道德》。波伏瓦在书中说道:

> 将生存宣布为荒唐的东西,就是否认它能够给自身一个意义。[1]

而为荒谬圈出一席之地、让它自成一国的问题在于,这无疑给了它一个意义,给它画出了一个可以辨识的边界,更是从此满足于单纯地袖手旁观,一切盖以荒谬之印,甚至,我敢说,这是彻底地屈服,是向荒谬投降。

相比于直接判为荒谬,波伏瓦更倾向于保留一定的模糊性,也就是向大家提议:"意义不是一成不变的,它需要不断开疆扩土、自我丰富。"因此,我相信波伏瓦绝对不会答应去"谬土一游",更不会在推特上转发类似言论。

---

[1] 西蒙娜·德·波伏瓦(Simone de Beauvoir),《模糊性的道德》(*Pour une morale de l'ambiguïté*, 1947)。

恼人的"启发"

生活中有一些非常值得讨论的热门词汇，比如以下这些如雷贯耳的形容词："无法定义的""积极阳光的""既传统又现代"（该词尤为可怕，上可形容世界都市，下可形容一碗面条）。但有个烦人到几乎恼人的词汇格外值得讨论，那就是"启发"（inspirant）！

从今往后，说到灵感之源不要再说什么"缪斯"了，说"启发"——这个如同万金油一般的词。如今，随便一场讨论、一条消息、一本书、一位网络红人或刚刚去世的名流，都可被统一形容为"极具启发意义"或"激励一代人"……

从今往后，"灵感"不再是电光火石的瞬间，不再是可遇而不可求的天启。如今的"灵感"走下神坛，变得泛滥成灾，平平无奇，一夜之间成了一种人人趋之若鹜的新风尚。汲取灵感是否已变得易如吸气了？

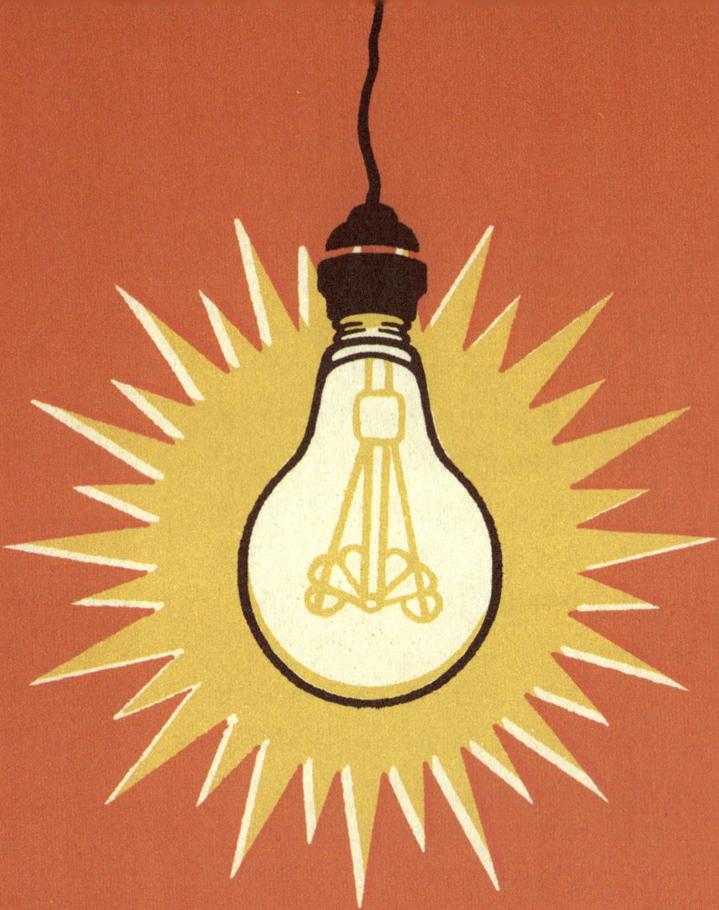

不及物与现在分词

以往，动词"启发"还有幸被用作及物动词，也就是说，词后会跟着一个宾语（例如，启发了某人），但最近，大家开始把它用作不及物动词，还变成了现在分词的形式。这种改变本身没什么严重的，取消宾语且变成现在分词似乎都不是什么大问题。

然而，随着宾语的取消，句子的含义却发生了一种明显的转变，它所强调的，不再是被启发的一方，而是启发者。换句话说，重点不再放在创作者或者他的作品上，而是放在启发了创作者创作这样一个作品的灵感源泉上。从此，值得追随的榜样不再是受到启发的艺术家，而是启发了他的那个人物。

这便很有意思了，也就是从美学上说，吸纳了灵感的作品（无论是一幅画、一首歌或一件时装）反而不如灵感本身那么重要了，也就是说，不如启发作品诞生的东西那么引人注目了……

只"吸"不"呼"？

几个世纪以来，思想家们绞尽脑汁想要搞清楚到底是什么造就了天才艺术家。是努力还是天赋？是才干还是实践？是良好的教育还是优越的出身？……人们似乎总是很难彻底参悟其中奥义：杰作到底是如何诞生的？而这时，"灵感"成了最常见的回答，一个乍现的灵光，如感天地之灵气般不可解释、神秘莫测、妙不可言。总而言之，是一个谜团。

不过哲学家莱布尼茨反其道而行之，他在《神义论》中就不说什么"灵感"：

> 究竟有什么必要随时知道所做者是如何发生的？我们不会因为我们有此意愿就构成我们的观念，观念之在我们心中和通过我们形成，这并非我们意志的结果，而是根据我们的和事物的本质。[1]

这难道不是对创作奥秘最为美好的一种解释吗，且更忠于创作本身。

而对灵感之源的强调，也就是对俗话说的"灵感女神"的追捧，则会产生完全相反的效果，这也是"启发"一词的泛滥使用造成的问题。因为一旦将其命名，将其拟人化，"启发"或者说"灵感"，便被剥去了神秘性。它不再是一个谜，而是一个有血有肉的实体，继而被人反复把玩甚至生吞活剥，一时甘之如饴又转瞬弃如敝屣。先立之后废之。

长此以往，艺术将不剩什么作品，也无所谓什么艺术家了。多可悲啊：一个劲儿地吸纳灵感，会不会忘记如何吐息释放，会不会只吸不呼，只进不出，最后毫无建树？

---

[1] 戈特弗里德·威廉·莱布尼茨（Gottfried Wilhelm Leibniz, 1646—1716），《神义论》（*Essais de Théodicée*, 1710），403条。译文出自：莱布尼茨，《神义论：附单子论》，朱雁冰译，生活·读书·新知三联书店，2007。——译者注

08

停止互祝"美好的一天"

不久之前,我干了件蠢事。那天我收到了一封工作性质的邮件,对方十分热情,并在结尾处礼貌地祝我"度过一个好的夜晚"。或许一时头脑发热,也可能因为时间太晚了有点神志不清,我在文末写上了一句"祝你度过一个美好的夜晚"[1]。

听上去的确是件微不足道的小事。我本可能做得更糟,用个更加唐突冒失的结句……尽管我相信这种"日安""晚安"的口癖总有一天会消失,但至少目前,它还根深蒂固地存在于法国人的礼貌用语里。并且不少人,很不好意思,这其中就有我,还在

---

1 本文全篇都涉及法语日常用语的一种习惯性表达。前者"好的夜晚"(bonne soirée)是法国人互相之间最常用的客套话。而作者在这里描述的现象,是她本人或者某些法国人开始用感情程度更加强烈的后者"美好的夜晚"(belle soirée)。全文就是围绕从"好"到"美好"这个变化展开的。——译者注

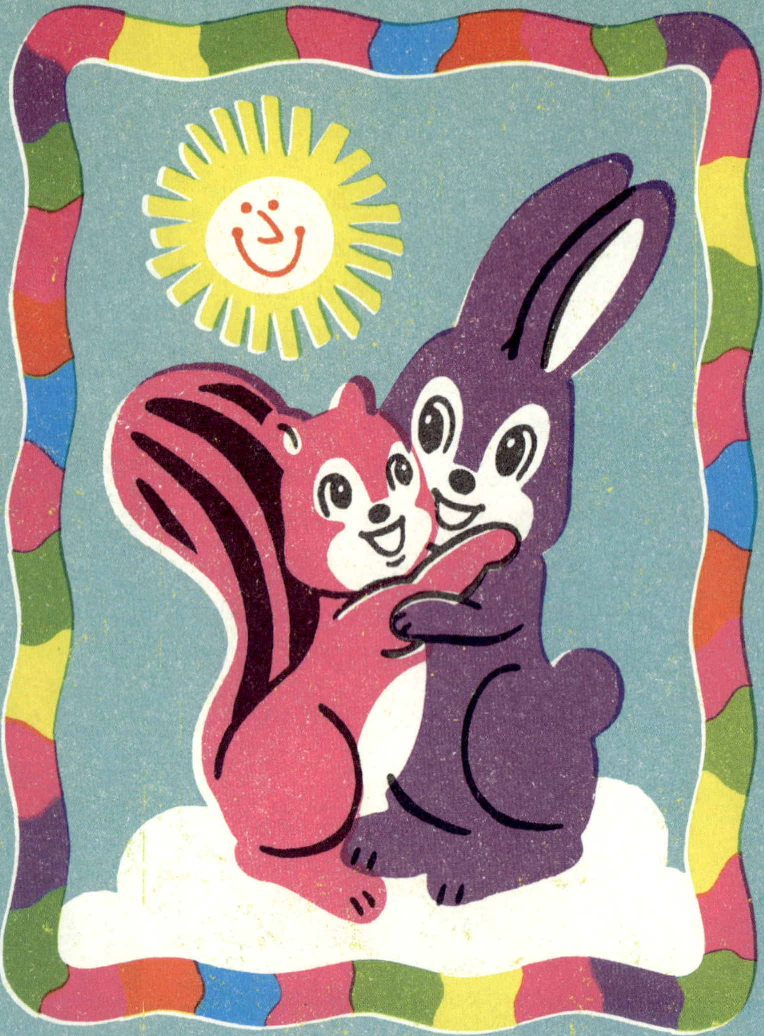

继续并且固执地祝"美好"而非单纯祝一个"好"。

美好的一天，美好的夜晚，美好的一周，美好的一年……或者，美好的聚会？为什么不呢？几年前（我不知道是否有研究准确地记录了这种表达习惯诞生和广泛运用的时间），我开始在某些短信中看到这个短语，而很快，它便侵入了媒体、办公室生活甚至所有人的生活……

再后来，"美好"就遍地开花了，"美"到有点美不胜收了。

"好"字今何在？

坦白地说，这种新式祝福在一开始很吸引我：我们每日干巴巴且千篇一律的日常问候里终于有了点"美好"之处。随后，它又变得如此泛滥成灾，导致我有点不想听到它了。老天爷，还不如祝"不好"呢。要么，干脆啥都别祝了。或者就简单祝个"挺好"不好吗？要我看，"挺好"已经挺好的了。

倒不是我特意和美好过不去，我只是在想，曾经单纯的一个"好"字究竟何去何从了？

简单的祝好，一句"日安"，不会显得那么假大空。好，就是"不坏"，比"还行"要好点，又比"极好"差了点意思，但足以让大家皆大欢喜了……

而强祝美好，一句热情洋溢的"美好的一天"，则完全是另一码事了。门槛一下子就被抬高了，都快上升到"真善美"的境界了,那里属于一群至臻之人,极度渴望能像给巴斯克童子鸡[1]提味儿一般升华自己的日常生活。

这便是祝福"美好的一天"的矛盾之处。我们原本只想普普通通地度过一天,现在却把彼此搞得略有不安,为自己没刻意想把一日过得特别美好而深感愧疚。

祝福日安,还是强人所难?

喜欢强祝"美好"的人背后究竟隐藏着什么样的用意呢?

他们倒并不是在恶意揣测祝福对象的生活过得一团糟(就如同祝别人"好"也并不代表他觉得别人这一天就会过得很差),那么,这些随随便便祝美好一天的人,究竟是无意而为呢,还是出于特别的善意呢?

说实话,这么做的确有点"自命不凡"的味道。这种祝福就好像在说但凡和他在一起,就可以看得更远、看得更高、看到美好。

但并不止于此。古罗马时期的哲学家普罗提诺曾说:

---

[1] 法国南方巴斯克地区的传统美食,用鲜嫩的仔鸡搭配嫩煎四季豆和土豆制成。作者在这里也暗讽了时下人们对烹饪和美食的过度追捧。——译者注

> 所有没有形式和道理的事物皆为丑。[1]

我们或许可据此推断：相反地，有形式和有理的皆为美。

问题就此浮现：这些"美好的一天"长挂嘴边者，不仅仅是一群祝我一日美好的好人，也是一群自认为有理的小心眼儿，当着我的面指出我对一天的期待远不如他们的高。他们期待的则是更美好的、规划更合理、条理更清晰的一天。

因此，他们的"美好的一天"在我听来不再是一种祝福，而更像是命令，居高临下地对我说："还在等什么呢？还不快好好生活！"

---

[1] 普罗提诺（Plotinus，204—270），法语写作"Plotin"，又译为"普洛丁"，新柏拉图学派哲学家，《九章集》（*Première Ennéade*），第 6 卷，《谈美》（"Du beau"）。

09

"太""极""巨""绝"的过度使用

"太严重了""美极了""丑绝了""太酷了""巨没用""简直了"……

生活中从不缺表达激动或愤怒之情的词汇，也不缺显示行为之激烈、喜好之强烈或情境之严峻的词汇。这就导致很多时候，遇小怪则大惊，大惊则叫"绝"，听上去和破了世界纪录一般空前绝后、不容置喙……"绝了"一词的使用很好地象征了最高级时态的流行，也就是说，为了能被倾听，必须极尽夸张，用感叹号代替句号，抹去一切细枝末节或深深浅浅，让位给"太""极""巨""绝"。

我并没有指摘任何人的意思，我自己每天也在干同样的事情。我会说这部电影"太"酷了；当我撞到了哪里，我会说我快疼"死"了；当我需要什么东西的时候，我不是单纯地需要它，而是"极度"需要它。

我也因此有感而发：从此，分寸感是否

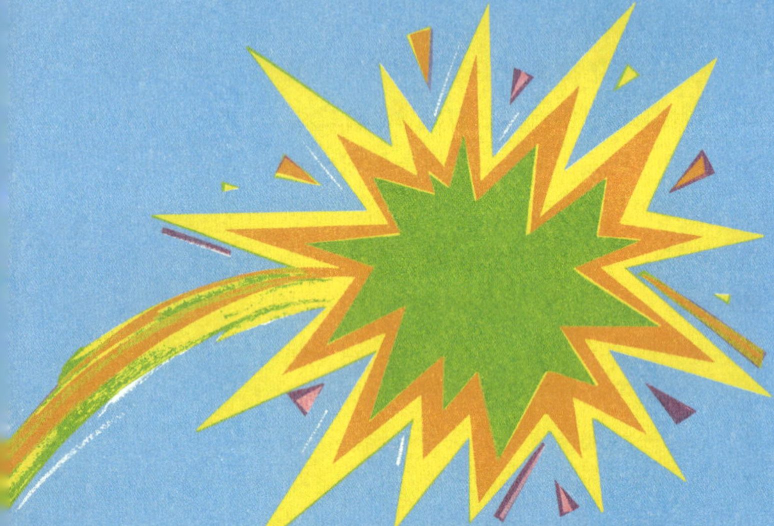

会在这种对"绝对性"的喜好前节节败退呢?

最高级,绝对之味下的幸与不幸

我敢说,定义"绝对"可不是一件容易事儿。通常来说,绝对,就是指没有边界,毫无限制。"绝对"概念本身就已经问题多多了:如何界定一个毫无界限的东西?如何描绘一个冠绝一切的事物?

显然,对于哲学家来说,堪称一"绝"的,只有上帝(Dieu)、实质(Substance)或体系(Système)。但对于普通人来说,"绝对"的概念则栖息在我们的日常用句之中。从此,"绝对"只道是"寻常",我们的生活也因"绝对"概念的滥用而听起来更加壮怀激烈和不同凡响。

然而,真的什么事都这么严重、这么重要、这么紧急或如此之赞吗?我的人生已经不可思议到需要时刻惊叹的地步了吗?等到我真的陷入谷底或攀上人生巅峰的时候,我还能怎么形容呢?

这便是"绝对"的矛盾之处:正因太过频繁地援引夸张之词只为形容那些稍微不同寻常的时刻,悲与喜便不再如以往那般清晰分明了。更重要的是,我们错失了一种美好的机会,即深刻地感受幸与不幸,真正体味大喜与大悲的机会。

阿拉贡、奥雷连与贝蕾妮丝 [1]

与人们料想的有所不同,我们越是深陷悲伤,反而越不容易感到不幸。我们越是日日高兴,也越不容易感到真正的幸福。把这一点说得更淋漓尽致的,不是哲学家,而是作家路易·阿拉贡。

在他的小说《奥雷连》中,有整整一个章节都贡献给了对"绝对"之滋味的描述。奥雷连,小说主人公,超越了单纯的爱恋之情,遇见贝蕾妮丝的他触碰到了一种"绝对"的感受。他觉得贝蕾妮丝不是丑,而是"绝丑"。

阿拉贡是这样描写这种比流感还普遍的"绝对"之味的:

> 所有偏爱绝对或极端的人都等同于放弃了幸福。哪有幸福能抵得住如此的眩晕,抵得住这不断更新的苛求?"绝对"——这无所不摧的感情机器会攻击一切让生活过得下去的东西,摧毁所有心绪。[2]

可以见得:越是紧急到了一定地步,就越没什么必要

---

1 此处指的是法国作家路易·阿拉贡(Louis Aragon,1897—1982)的小说《奥雷连》(*Aurélien*)中的情节。奥雷连(Aurélien)和贝蕾妮丝(Bérénice)分别是小说中主人公的名字。——译者注

2 路易·阿拉贡,《奥雷连》(1944),第36章。

着急了；一个纪录越是接近极限，就越不剩什么可以被打破的了。

　　实际上，这种"绝对"会压垮一切。它抹杀了平庸的和中等的，阻碍了"有点儿"和"不太"。而在这些东西之中往往蕴含了诸多细微的体验和感知。有一个问题长久以来悬而未决：一个单纯"还不赖"的东西到底怎么我们了？

10

"说真的"的真谛

你是否注意到最近很时兴的一个短语——"说真的"。保不准你早已在不经意间使用过了,与"实际上""所以说"和"可不是"这些口头禅一般,你用过但从未留意过。

这些小短语的惊人之处,便是我们将其长挂嘴边却毫无意识……直到有一天终于有一个人(往往是怒气冲冲地)将这个事实甩在你脸上:你才意识到原来自己早已深陷口癖之中。

我就亲身经历过这样的场景。我的一个朋友在10分钟之内说了不下5次"说真的"。直到另一个朋友有点忍无可忍,生气地向她指出这一点。

遭受指责后的她终于第一次意识到了自己的口癖,随即陷入了一种若有所思的状态,她仿佛在思考一个问题:我怎么就变成了一个句句不离"说真的"的人了呢?

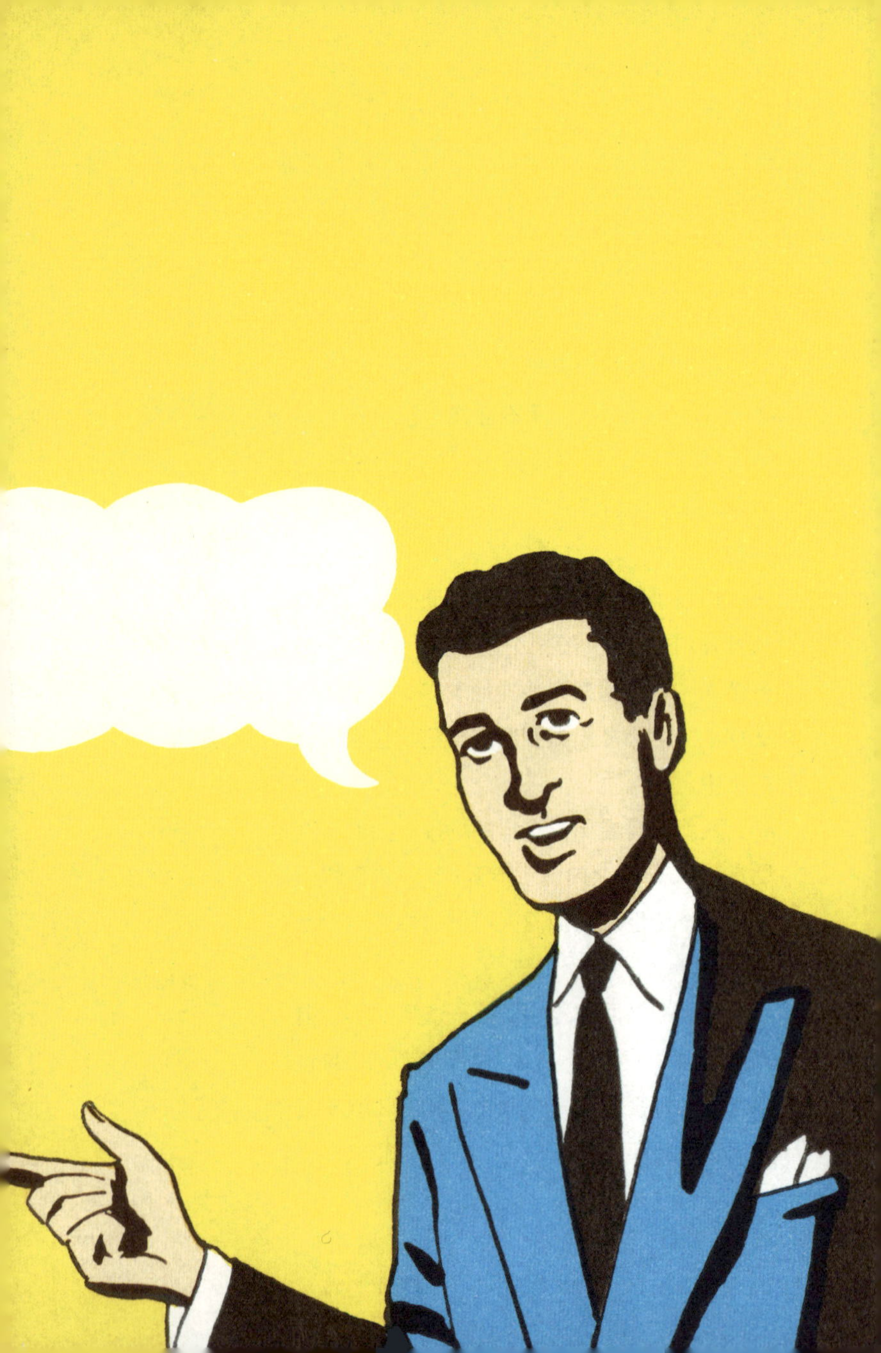

保真承诺

"说真的（！）"，我不知道那一刻她脑袋里到底在想些什么。但我可以想象，她可能在寻思为什么偏偏是这个句子，而不是别的什么短语。更确切地说，为什么偏偏是这类句子：一会儿是"实际上"，一会儿是"所以说"，一会儿是"讲真"。

不管怎样，"说真的"的特点在于，它想要达到一种转折的效果，且希望这效果比那些用平淡无奇的"因此"或者"实际上"开头的总结句来得更惊人、更强烈。

"说真的"听上去特别像是一句酸奶广告，像是一种返璞归真的承诺。用人话说，就是这个酸奶是未经过度加工的产品，由优质奶源制成，无添加、无色素、纯天然（尽可能），如假包换。

因此，"说真的"一词不只是对我们这个信息爆炸社会的一种嘲讽，它是一句宣言：我接下来要说的话是一句真话。不是胡言乱语，而是言出真实。我的思想、我的建议、我的理论皆无虚假。

而这也让我们陷入一种窘境："说真的"不仅搅乱了我们日常的发言（难道不加这一句就意味着我们说的是假的或不完全真实吗？），同时它也消磨了我们的独特性。为什么要用这么一句毫无新意且泛滥成灾的口头禅去抹杀我们个性的表达呢？

自我之实

"说真的"这个口头禅的有趣之处,是它其实并不能让一个句子显得更真实。它不能在对话者那里引起任何共鸣。正如一个号称自己口感最酸奶的酸奶和一般的酸奶相比其实也没什么大不同。

如果说,"说真的"作为一种插入语,表示一种转折,却又因其过于平滑流畅而毫无转折效果。它顶多起到强调某个句子的效果,但总的来说,它起不到什么前后区分、明辨真假的作用……

但应该就此批判谴责所有的"说真的"吗?

大可不必。"说真的"这一短语其实揭示了一个深层次的问题:人们如此想要"说真的",且以自己的名义说,不仅仅是在追求说出真相,更多的,是想要表现自己之所言与自己之为人的一致。而这已经很可贵了。

福柯就这样评论过"说真话":

追求说真话首先意味着想要揭示真实的自我。[1]

口口声声"说真的",频繁援用这样一种普遍且恼人的短语,事实上表达了人们一种隐秘的期望:希望能说一点与真实的自己更相符的事情。

---

[1] 米歇尔·福柯(Michel Foucault, 1926—1984),"讲座系列",《说真话的勇气》(*Dire vrai sur soi-même*, 1982)。

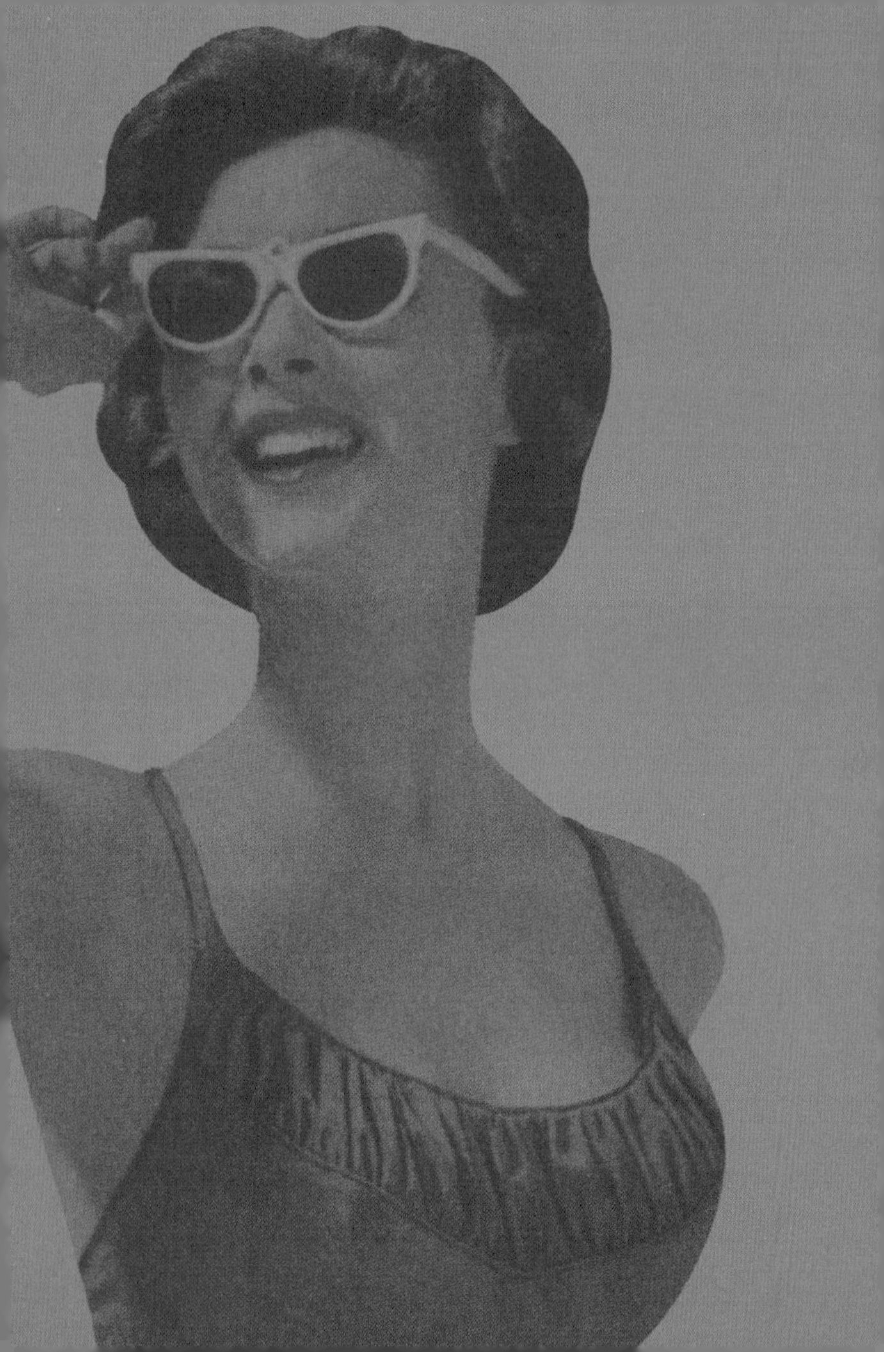

CHAPTER 3

第三章

个人成长
"反"指南

01

别再"慢慢来"

处处皆闻"太快啦!"

日子过得太快了,一切都在加速运转,万事火急火燎,似乎没有什么人或事儿还经得起等待。这种感觉对每个人来说都不陌生:大家似乎已活得不分轻重缓急,注意力永远高度集中,精神永远时刻紧绷。"压力"如今已成为全世界的共同语言。

面对此情此景,各类人生建议遍地开花,手把手教你如何挤出时间来、如何放松慢慢来;停下手中的事情,将要做的任务划分优先等级;在混乱中找回自我,并从中重拾方向和意义。

可时间本就不够的情况下还慢慢来不是很矛盾吗?时间没了就是没了,还能去哪里挤?要做的事儿本来就堆积成山了,为什么还硬往里加上"时间管理"这一件?

放慢呼吸能敌十万火急?

我的问题是:一天中,到底什么时候能

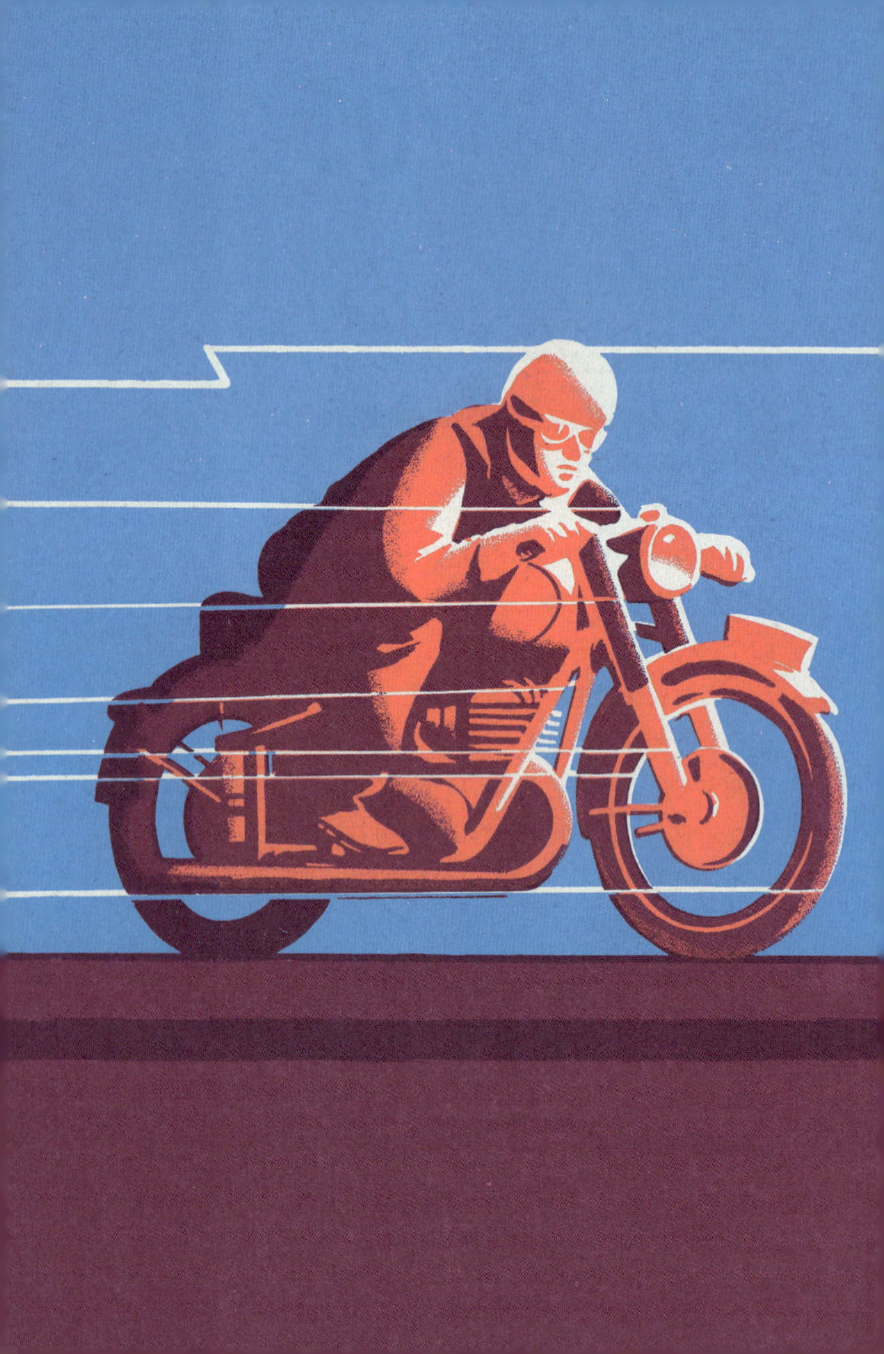

挤出时间来？按照一些冥想大师的说法，只消生理上的平静呼吸就能达到心理上的一刻喘息。这么做虽然没能改变我每日机械化的日程，但改变了我理解、体悟生活和时间的方式。

又来了，又开始把问题归咎给方式、视角和态度了："不要试图改变时间和它的流速，试着改变自己与世界的关系，改变自己与时间的关系。"我们总倾向于将看似越来越快的外部时间和自我的主观时间对立起来，前者是客观的、不可更改和无法逃避的，而后者则被看作可塑的、有弹性的。所以，是臣服于这无情的越来越快的生活节奏，还是从中解放出来，似乎完全取决于我们自己，是去顺应这个快节奏还是踩下刹车，要不要缓一缓、喘口气，似乎也全然由我们自己决定。

但这也是问题所在：无论如何，这都是多了一件要做的事，多了一个要做的决定，多了一个要完成的计划。不着急、慢慢来也好，奋力抵御时间的洪流也好，深呼吸也好，不仅都不是什么易事，也很容易让我们产生一种生活节奏和时间流速尽在掌握的错觉……而这根本不可能。

"慢慢来"不如"拖着来"

针对这些让我们要么慢慢来要么顺其自然的人生教诲，我表示不敢苟同且斗胆提出第三条可行之路：拖延。

既不停下一切也不分秒必争，我们应该完善一套"拖延的哲学"：因为只有拖延才能让我们在感受到时间被无限拉长的同时，一件事儿也没落下。

拖延意味着我们的确花了时间，只是我们拉长了时间，也利用了这延长的时间，同时还不至于产生"我们能够停下一切"这类的幻觉。

当你耽搁、拖延的时候，你看着时间飞逝，从你身边溜走，但你绝不言弃，你默默承受，细细体味。

更妙的是：你可以对时间轻蔑一笑，并赋予自己拉长它的权利。

02

停止"活在当下"

你知道这句几乎成了口号般的拉丁短语吗?这句被糟蹋了的格言出自拉丁诗人贺拉斯(Horace),它如今无处不在、无孔不入。你肯定听过……! 就是这句:活!在!当!下!(CARPE DIEM!)

书籍、歌曲、饭馆甚至是文身……这个短语不仅在历史上启迪过龙沙(Ronsard)、莫里哀(Molière)或维克多·雨果(Victor Hugo)[1],还在当今社会一跃成为某种营销口号、财富密码或个人信条,妥妥的热门词条。

"Carpe Diem"的字面意思实为"采摘每一日"[2],如今的版本则衍生出了一种命令式的口吻,敦促你"活在当下"。但"活在

---

1 皆为法国著名文人。彼埃尔·德·龙沙(Pierre de Ronsard,1524—1585),法国著名宫廷诗人,擅长爱情诗的创作。——译者注

2 是一句广为流传的拉丁诗句,引申为"抓住每一天",类似于中国古诗里的"花开堪折直须折"的意境。——译者注

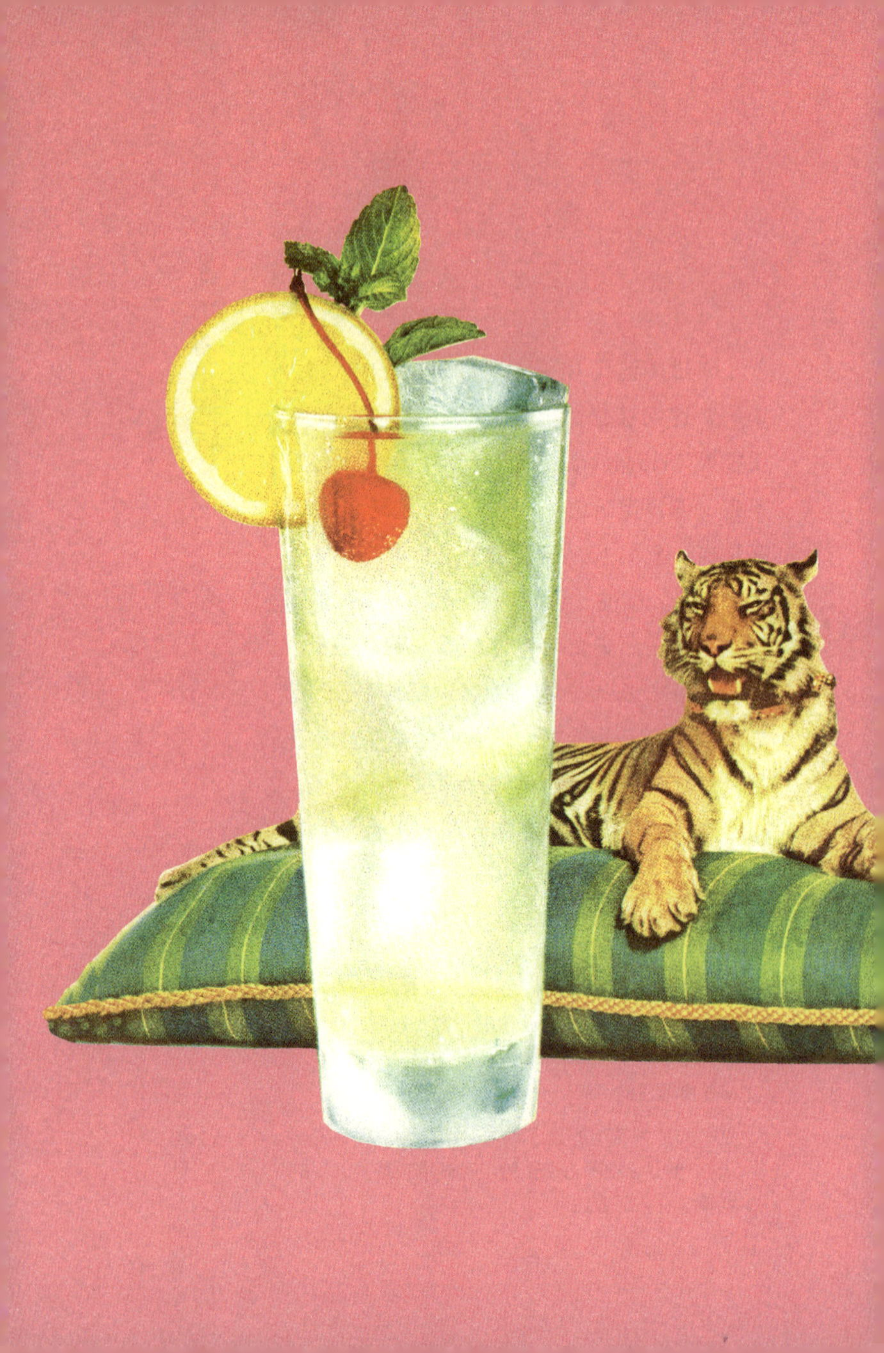

当下"到底是什么意思？"采摘每一日"又该如何理解呢？

这个表达本身就让人有点错愕：我们实际上不是已经生活在当下了吗？的确，人会不时地沉浸回忆、追溯往昔或者畅想未来、勾画蓝图，难道这就意味着我们和现实脱节了吗？

思考当下还是活在当下？

为什么会出现"活在当下"这样的训诫呢？

它是否意味着，当我写下这几行文字的时候，我不在"当下"之中，而是被投射至未来你们读到它的时候？或者相反地，它是否意味着我还在抓着过去的时刻不放，那个刚起笔撰写，纠结这里该放一个句号还是逗号、选这个词还是那个词的时刻？

所有的这些疑问都让我身陷"carpe diem"的悖论中，落入"活在当下"这句谆谆教诲的陷阱之中：活在所谓的"当下"一刻意味着我们得从时间流中跳出来，好捕捉到"当下"，思考琢磨"当下"，疏离地观察"当下"……而这样，不就没法真的活在其中了吗？

这不恰恰站在了人们一通鼓吹的"活在当下"的对立面吗？

问题就在于此，这也是一整个"活在当下"的故事让我着迷或者说迷茫的地方：人们告诉我要活在当下，而我恰已活在当下了，时时刻刻告诫自己要活在当下反而会阻碍我们真的活在当下……绕得明白吗？

时间流淌,又有何妨?

我们不得不承认这个事实:"活在当下"多半是"买在当下"。

在谷歌搜索栏里输入"Carpe Diem",你会收获一堆脱毛沙龙或者咖啡店的地址。如果点击"视频"专栏,你多半会碰上罗宾·威廉姆斯主演的电影《死亡诗社》[1]的片段……

这句"采摘每一日"的召唤究竟有什么过人之处呢?

是提醒大家人终有一死,所以能享受时就好好享受吗?还是说,这多半是一种自我埋怨,为蹉跎了"大好时光"痛心疾首?怪自己没有好好享受今早那段美好的公交通勤路,怨自己没能好好珍惜中午三口两口咽下的美味三明治,后悔自己没能细细体味方才超市门口大排长队的美妙时光?

还是说,我们单纯就是和"时间"过不去?从"放慢脚步"的告诫到"活在当下"的敦促,看着时间流逝就真的这么让人受不了吗?

如果最好的方式,是顺其自然、放任自流呢?

别老想着时间了,越是想着时间,越是浪费时间。

---

[1] 《死亡诗社》(Dead Poets Society),又名《春风化雨》,由美国影星罗宾·威廉姆斯(Robin Williams)主演的经典励志电影,于1989年上映。该片讲述了一位具有反传统思想的老师,在一所古板学校带领学生通过诗歌探索生活与勇气的故事。其中,该老师就经常用"活在当下"这个句子鼓励学生要热爱生活、解放思想。——译者注

03

"禅"为哪般？

在所有天花乱坠的半哲学半鸡汤式人生指南里，有一句话相信大家都耳熟能详：禅（Zen）一点。

我是在给小孩子挑选有声书——一种借助声音氛围帮助孩子们认识世界的录音书籍——的时候，才意识到"禅"这个词是多么无处不在……那时，我正迷失在一群农场动物和世界儿歌的海洋中，不知做何选择，突然，一个标题映入眼帘——"乐在禅中"。

仿佛在告诉你：别光拿什么流水声、鸟鸣声或铜锣悠悠声来哄自己了，离禅还远着呢。

而我居然有那么一瞬间心动，差点就信了这本书，就好像小孩子真的能懂封面上的"禅"字是什么意思似的。更重要的是，到底谁规定人就必须得一心向禅呢？

一提到"禅"这个词，首先让人联想到的就是放松，是在轻柔的鸟鸣声里开启美好一日，在高山流水声里获得平静，或是想象

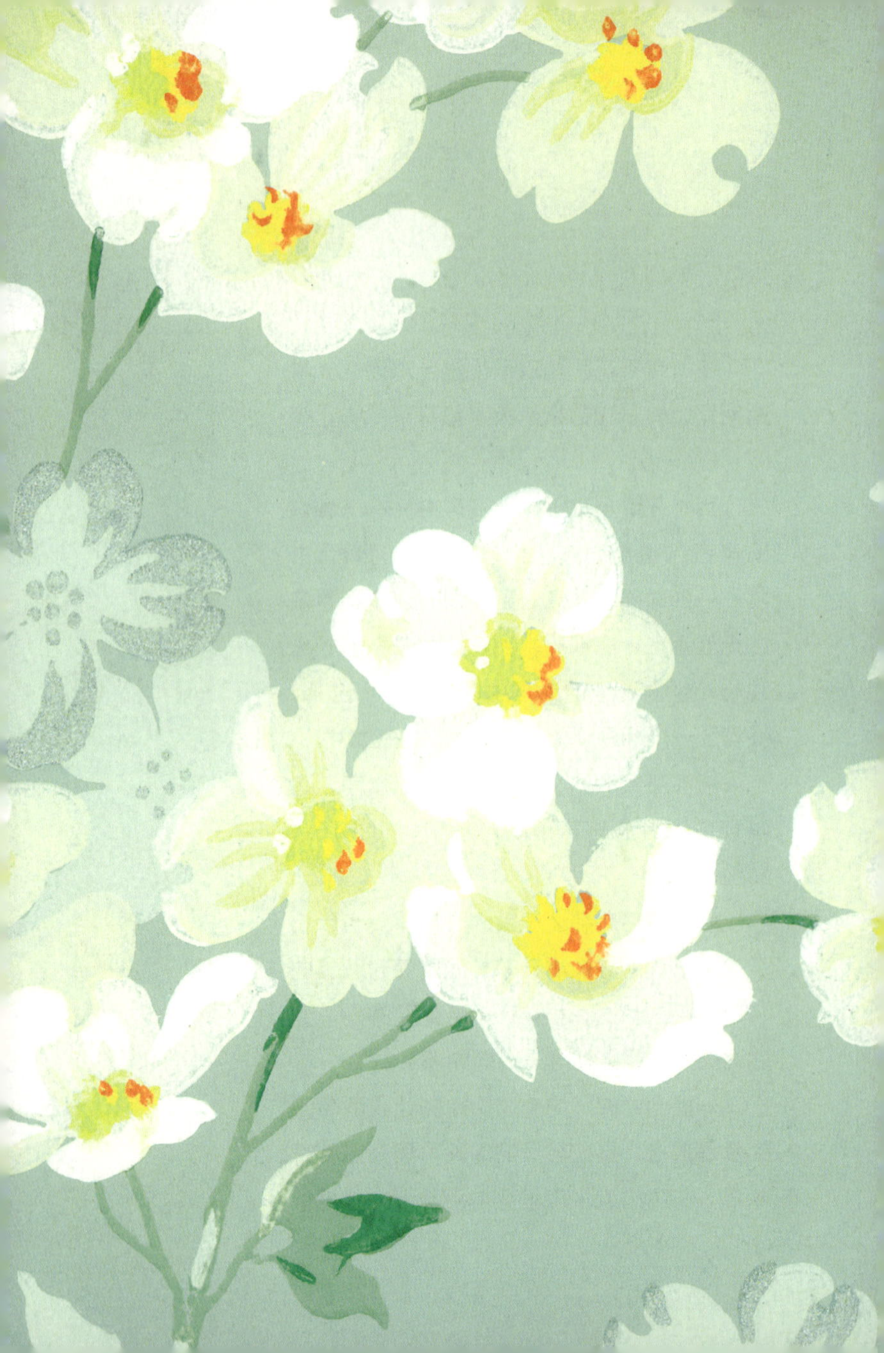

自己正沉浸在大自然的怀抱中……

但，究竟为什么要不顾一切地追求禅意呢？

强行放松

要说"禅"这个概念有何让人印象深刻的，那便是经过如今各式各样书籍的演绎（儿童读物也好，成人读物也罢），它似乎展露了一种对"身心放松"近乎执拗的追求。

而这也是如今求"禅"心切带来的矛盾，它几乎是在强迫大家放松。但有必要做到这么夸张的地步吗？何必强迫自己放松呢？任何事只要是强迫的，自然就会让人感到紧张，而紧张与放松两相对立，显然也与"禅"相去甚远。

当然，我们不能把"禅"简单地和"放松"混为一谈。它本是一个高贵且深邃的概念，有着悠久的历史。而这句神奇咒语"禅一点"，恰恰就是在软化这个古老概念，急功近利地将它打造成对身心放松的终极追求。

因为紧张，所以刺激

从词源上说，禅指的是以坐姿进行冥想，也就是坐禅。它是一种手、脚、呼吸和精神的协同动作。

禅远非一种唾手可得的状态，也不是靠着一点山林流水的音效就能立刻进入的状态。这种平静是通过修行与研习才能企及的。简单来说，禅本身就是一种努力。

这也是我们上文提到的悖论之处，即竭尽全力欲求身心放松这一矛盾，但这同时又揭示了一个关键的前提：放松，是好事儿，是件大好事儿。

那紧张呢，凭什么紧张就不太受待见呢？紧张怎么就成了让人反感甚至害怕的状态呢？

想问问你们有没有和喜欢冥想的人一起聊过天、一同工作或生活过？他们或许已经达到了某种超凡脱俗的境界，但也因为这种超脱，他们往往显得格外疏离，和我们貌似没太多交集……

人们一向忌惮紧张，认为紧张的状态很危险，可仔细想想，不也正是这种紧张感、压力感才能激励我们、调动我们、让我们感到血脉偾张？更重要的是，不正是压力让我们与他人的联系更加紧密吗？没有紧张感，生活诚然会一片平静，但或许会，唉，太过平静……

04

对"正能量"说"不"

"正""负"的对撞

正面的思想状态,正面的亲子关系,正面差别待遇……如今没什么能逃过"正面"二字。

别忘了还有宣扬身材多样性、反对单一审美的"正视身体运动"[1]。

"正面"或者我们常说的"正能量",从此变为一种标签,成了善良和开放的代名词,常被看作可以扭转我们一切消极行为的灵丹妙药。这股潮流早也不是什么新鲜事儿了……

2004 年,萝莉[2]唱了一首叫《正能量》

---

[1] 又称"身体自爱运动",英文为"body positive",其中包含表示"积极、正面"的"positive"一词。——译者注

[2] 萝莉(Lorie),原名 Laure Pester,法国流行音乐女歌手。2004 年发行了热门歌曲"La positive attitude",译为"积极态度"或"正能量"。——译者注

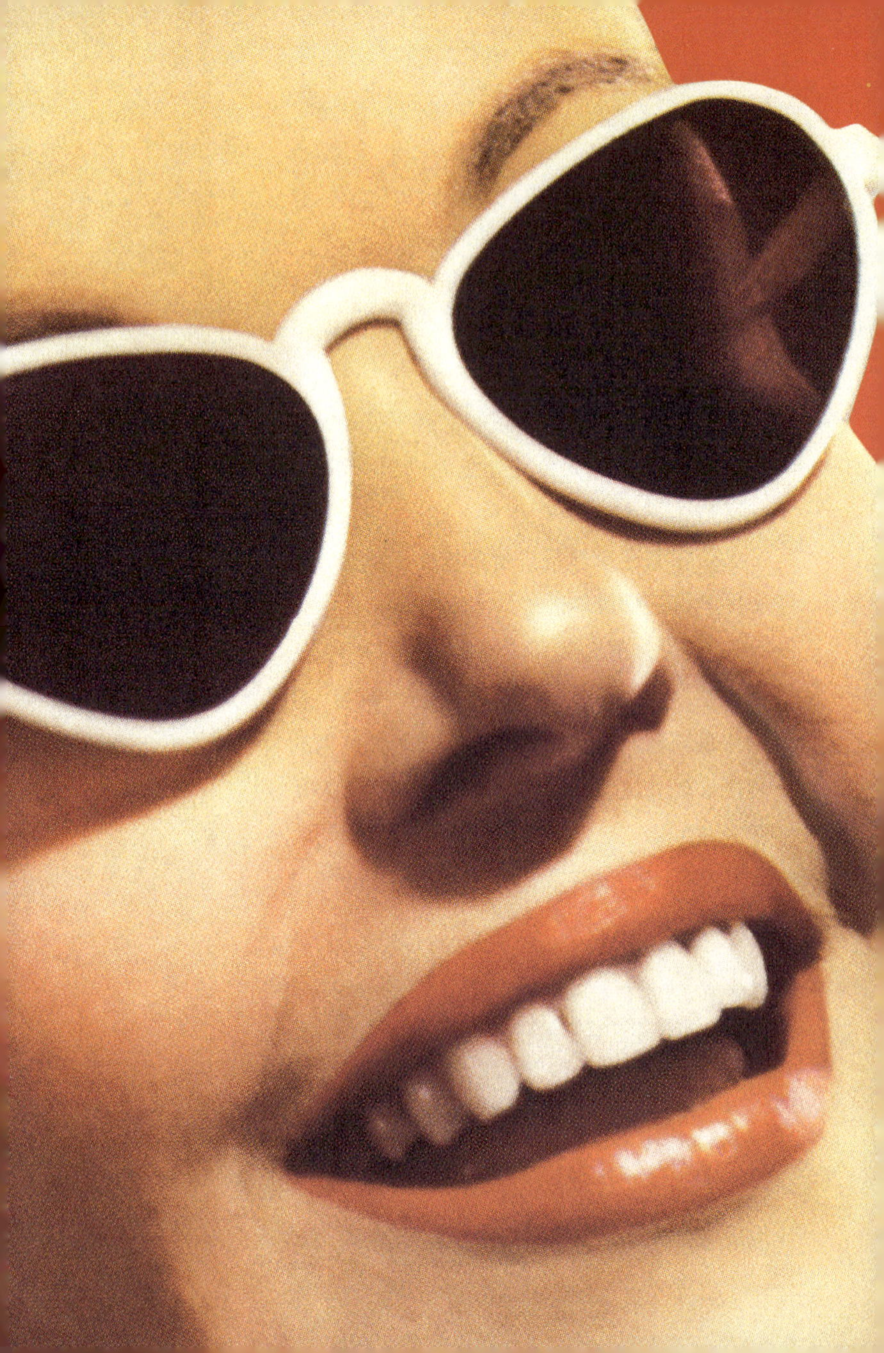

的歌，一年之后，总理让-皮埃尔·拉法兰就忙不迭地在讲话中援引此曲[1]。但和诺曼·皮尔[2]这位美国牧师相比，萝莉和拉法兰可谓小巫见大巫。早在20世纪50年代，皮尔就发起了一项"积极思考"（Positive Thinking）的运动……这一概念在21世纪初又随着各类个人成长指南和成功励志学的兴起而被再度提起。

正面一点，积极一点……为什么不呢？总的来说，在法国人之间进行的各项调查无不显示出他们（对未来）的悲观态度和（对本国领导人的）怀疑态度。面对这种来势汹汹的悲观主义和怀疑主义，来一点正面思想似乎尤为必要。

没有负面就没有正面，反之亦然，就这么简单……但是不是有点太简单了？

泥潭与金砖

一面，是泥潭，另一面，是金砖；一边，是黑暗，另一边，是灿烂；一侧，是消极，另一侧，是积极。

---

[1] 2005年，法国时任总理让-皮埃尔·拉法兰（Jean-Pierre Raffarin）在发表讲话时，倡导大家要保持积极正面的态度，引用的恰好是女歌手萝莉的歌名"La positive attitude"。——译者注

[2] 诺曼·文森特·皮尔（Norman Vincent Peale），20世纪中叶一名美国基督教神职人员，尤其以倡导积极思考而闻名。其代表作为1952年出版的《积极思考的力量》（*The Power of Positive Thinking*）。——译者注

这正是事物被正向思维过度简化的后果：这种非黑即白的思维模式认为，只需要将（不好的）事物推翻在地、倒转一气，或者硬生生地扭转到其对立面，就能让事物改头换面或是更上一层楼。

但到底怎么才能变得正能量？正面地看待事物到底是什么意思？

当我染指"积极性"这个棘手问题时，还不曾料想自己会落入这么个争论不休、学说林立、寻章摘句的海洋。

首先，我当然不会将它和哲学家奥古斯特·孔德[1]的实证主义（positivisme）混为一谈。孔德的实证主义旨在用科学法则取代宗教信仰。同时我也有所发现：诺曼所倡导的积极思考和"积极心理学"[2]之间有着本质的不同。前者是以伪科学的方式去对抗负面情绪；而后者，则不只满足于像魔术师打个响指般地让事情瞬间变好，而是希望能够巩固并放大每个人自身所呈现出的积极情绪。

因此，所谓的"正能量思维"其实涉及了众多思想分支，从宣扬以积极对抗消极的"积极思维"运动到从积极出

---

1 奥古斯特·孔德（Auguste Comte，1798—1857），法国著名哲学家、社会学家，实证主义创始人。著有《实证哲学教程》《实证政治体系》和《论实证精神》等。——译者注

2 也叫"正向心理学"（positive psychology），是一种旨在提高人们生活品质、强调个人和社会福祉的心理学研究方向。偏向研究积极的主观体验、积极的个体特征和积极的制度等。——译者注

发以期加倍积极的"积极心理学",无所不包。

我不得不说,其众说纷纭到已经让我有点不知所措了。我也的确亲身体验过,但无论是试着把消极转变成积极,还是专注于积极好变得更加积极,两者殊途同归:都是把自己不遗余力地拉向积极一面。

为积极而积极

为什么要不顾一切地变得积极?因为这样很正面。但为什么这很正面?

"positif"(正面的、积极的)一词的词源意义是指约定俗成的、公认的事物。在某种意义上,迈向积极,就是迈向被普遍接受的事物。那么"positiver"(即我们常说的"积极改善、乐观看待"),就代表着再次地建立和巩固那些业已存在且被定论为"好的""积极的"事物。

因此,在某种意义上,变得积极也矛盾地意味着一成不变,意味着只需笑眼看待世界万物,却没必要真的触碰什么。

变得积极正面,便不再是要我们去改变周遭环境、打破成规和道德约束,而是单纯地为业已就位的东西辩护且拒绝一切否定形式的批判。

正能量——如果我们引用哲学作家菲利普·穆雷[1]的

---

1 菲利普·穆雷(Philippe Muray,1945—2006),法国散文家、小说家,其代表作为《善良帝国》(*L'Empire du bien*)。——译者注

话——不过就是给那自给自足、自我认证、自说自话的"善之帝国"添砖加瓦罢了。

在这里,我也并非要不顾一切地为"消极"辩护,或者宣扬以否定的眼光看待一切。我并不赞成人就该抱着失败和痛苦不放,以为这样就能显得比正能量者更明智、更清醒似的。

不过,我们完全有第三条路可走:为什么不在拒绝正能量的同时也试着不一味地沉湎于消极之中呢?

05

何必脆弱？

不动神色、悄无声息，"脆弱"就这样慢慢在个人成长哲学里占据了一席之地。

前有一种朴素的脆弱，例如哲学家让－路易·科里蒂安[1]在其生前最后一本著作《脆弱》里描写的"脆弱"。科里蒂安在书中详细地为我们勾画了"脆弱"这一概念从古希腊时期一直到康德时代的演变。今有诸如意大利畅销之作《脆弱的艺术》一书中的"脆弱"，作者亚历山德罗·达维尼亚[2]大肆鼓励大家要用开放心态面对生活中的种种意

---

1 让－路易·科里蒂安（Jean-Louis Chrétien，1952—2019），法国哲学家、诗人和宗教思想家，索邦大学哲学系名誉教授。他承袭法国现象学的传统，一生著述30余部著作。2017年于子夜出版社出版了其生前最后一本著作《脆弱》（*Fragilité*）。——译者注

2 亚历山德罗·达维尼亚（Alessandro D'Avenia），生于1977年，意大利作家、教师、编剧。他的《脆弱的艺术》（*L'Arte di essere fragili*）一书出版于2016年。——译者注

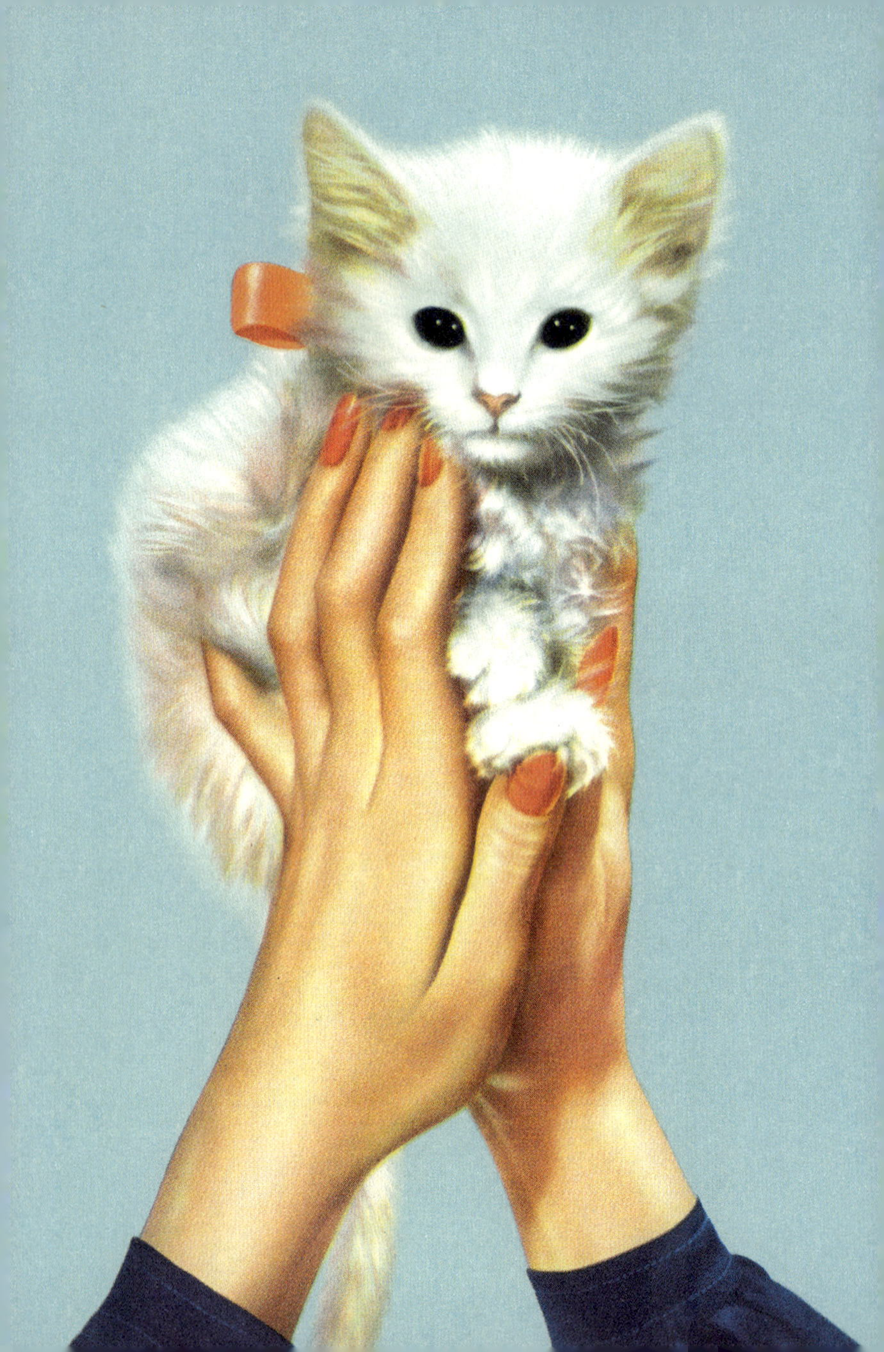

外，可以得见，一个新的话术正在崛起：呵护脆弱、培植脆弱，以对抗这"内卷"至极的社会风气。

力量的背面

"弱小""不坚定""不可靠""软弱"——这些都是"脆弱"最常见的同义词。

照理说，没什么人会想刻意变得脆弱，更别说把脆弱弄成一门艺术。但缘何脆弱这一概念如今还是大获成功，俘获一众人心呢？谁会自愿变得无常、软弱、不坚定、不可靠呢？

就和时尚一样，励志学也讲究风潮，而其潮流所向主要就是逆着社会大潮来。如果说眼下的社会讲求竞争、对抗，推崇冷酷无情但强大无比的资本主义，那励志学就站在它的对立面，靠着推崇"脆弱"来彰显自己疏离和批判的态度。

不过，除去潮流风尚一说，问题始终还是那一个：到底有谁会想选择做一个脆弱的人？

因为，暂且不谈马克思主义的批评（据其学说，只有最强大的、最终能够自己站起来的人才能脆弱得起），脆弱的生命面临着这样一个悖论：这么脆弱如何在生存的斗争里存活？

化脆弱为力量 —— 一派胡言

从定义上来说，脆弱，就是一种易碎的性质。脆弱不仅是一种状况、一种适时或偶发的情境，更是所有难逃死亡宿命的生物所共有的一种本质特性。

综上所述，我们不禁提问：既然已经人皆脆弱了，何必还要特地培养呵护这一特性呢？尤其是，到底如何扶植或保护一个本意恰是"被削弱、被摧残"的东西呢？

"脆弱的艺术"也因此导致了某种反作用：它教会人的，就是什么也别做。要么就淡薄坚忍，像斯多葛派宣扬的那样，对命运的安排泰然处之，要么就热情地拥抱命运——说到底都是对我们被动处境的一曲赞歌。

说到这里，一定会有反对的声音在我耳边嚷嚷："你就是被周遭关于创造性和高效率的呼声洗脑了，所以对脆弱的力量视而不见。"

但其实，难道不是恰恰相反吗？难道不正是这些捍卫脆弱权利的人更像是被高效和高产的概念洗脑了吗？如果没有强大作陪，赞美脆弱又有什么意义呢？

彼之脆弱，吾之强大

为了脆弱的概念得以成立，力量的概念就必不可少。没有强大就没有脆弱。

然而，随着时下对脆弱的推崇备至，出现了更为荒谬的事情：把脆弱当成强大，即认为脆弱是对这个充斥着竞争和表现欲的时代的抵御。而抵御得住，换句话说，就意味着自身的强大。

对脆弱的美化到了极端，就是把脆弱塑造成了另一种强大。

那为什么不干脆地承认如今备受推崇的脆弱不过是一个道德幌子，方便了那些不愿显山露水的强者们做做样子。

06

爱自己，不爱也行

"爱自己"，这句话你绝对在哪里听过……爱自己是获得真爱的前提条件，甚至更简单粗暴一点地说：爱自己是一切的前提条件。可问题是，"爱自己"怎么就变成决定一切的先决条件了呢？

爱自己，不容易

爱自己……乍看上去简单明了、人尽皆知，除了正值青春期的少男少女们和让-雅克·卢梭（Jean-Jacques Rousseau），后者不惜用几篇哲学论文来阐释自爱为什么是一种恶习，总的来说，爱自己似乎是件毋庸置疑的事情。除了自爱之外，我们甚至还不断被警告要避免太过自恋或者太以自我为中心。总之，不是不够爱自己就是太过爱自己。纵览古往今来这一主题衍生的种种论调，"爱自己"似乎不像看上去那么简单……

举个例子。几天前，在与一位苦于单身

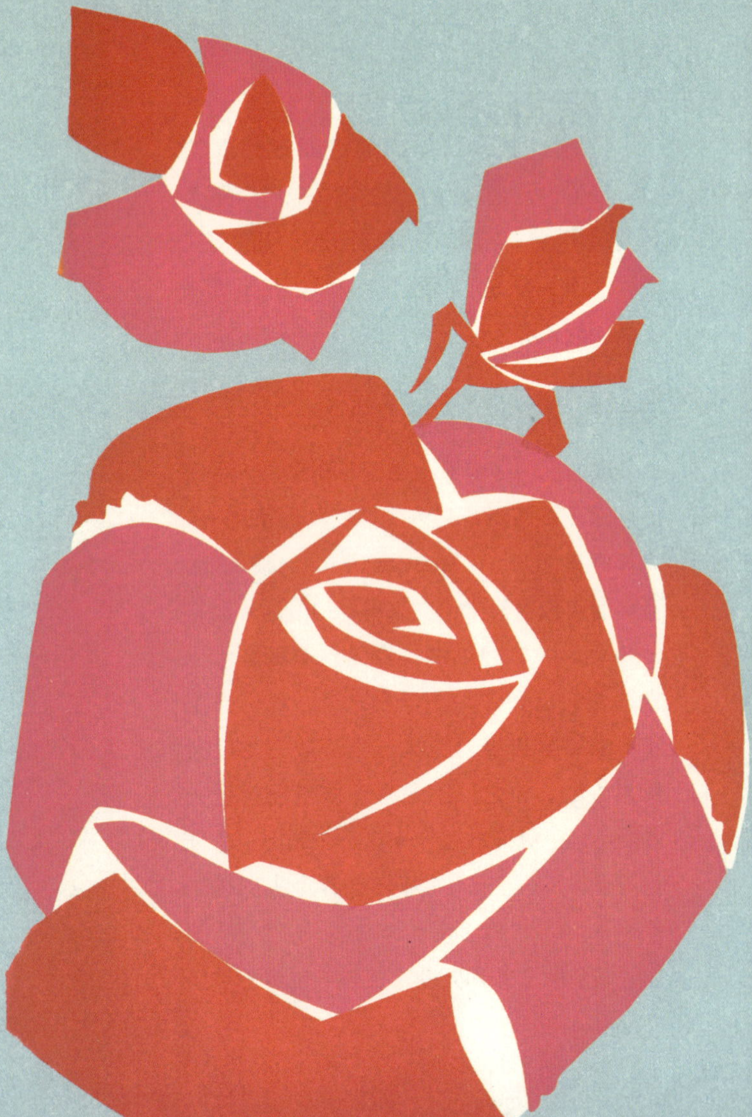

已久的朋友讨论正酣时，他突然反问我："谁会想要我呢？我又矮、又无趣，还快秃了……"我听见自己脱口而出："也许你得先爱自己才能被人爱……"

所以，这个不假思索的念头到底是打哪来的？是时下这股自爱之风不知不觉中对我产生了什么影响吗？

但无论如何，我们明显看到一种力量上的悬殊：一边是"学会爱自己"这句陈词滥调的铺天盖地、无孔不入，一边是理解它与实践它的举步维艰。

什么爱？哪个我？

"爱自己"这个概念的问题之处在于，爱既不只是纸上谈兵的理念，也不能只关乎我。

首先，当我与某人坠入爱河时，我，恰如"坠"字所述，不受控制地因爱"失足"。诚然，我坠入情网，很有可能只是一时头脑发热，是我根据自己的幻想或自以为看到的样子构筑了一个虚像，投射在我爱的人身上。总而言之，这种爱中很少有什么深思熟虑的部分。

其次，自爱中的"自"，到底是谁？我拿自己举例：当我爱上某人，我爱上的是除我自己之外的某个人，或许那个人让我看到了自己的可爱之处……但无论如何都存在着另外的这个人，而不是只有我一人独掌大权、一手操持着让自己爱上自己。

根据以上两点可以看出，"爱自己"不仅意味着要炮制本该是自发产生的激情,还意味着得自我分裂一下好让自己能与自己相爱。

无论是在逻辑上、理智上还是实操上,这都不可能:我没法儿把自己抱在怀中,我也没法儿说服自己我有多棒。当然,没错,我倒是可以自慰……但这能是爱吗?

直视自己

一边是毋庸置疑、业已成规、不由分说的自爱准则,一边是几乎不可能做到的自己爱自己,为了让大家走出这个死胡同,网络上应运而生了一群"人生导师"。

他们要求你正视自己,认识自己所有的缺点和优点。可这不是很成问题吗?暂且不说什么爱本该自然而然或者需要他者的存在,就这些要求而言,明显是将重点放在"反思"二字上了。

自爱似乎就此等同于自我反思,言下之意就是要审视自己、思考自己、拆解自己、分析自己……换句话说,就是要"吾日三省吾身",把自己当成研究对象,连同它所包含的一切错误、错觉和唯我论,统统纳入反思之中。在此之上还附加一大奢望:吐露自己的一切,对自己刨根问底,让自己一览无余。

这也太可怕了! 谁想要这种完全透明的爱呀?谁会不喜欢霸道的、无意识的、梦幻感的爱,而转投这乏味的理智之爱呢?更何况对象还是自己:我们已经无时无刻不是"自己"了,谁还想要更"自己"啊?

07

我为何与"智慧"无缘？

从天生的睿智到由年纪与经验赋予的智慧，从还未启蒙的孩童到以聪慧为美德的大人，大家对智慧的追捧显然和哲学脱不开干系，毕竟哲学的本意就是：爱智慧。

奇怪的是，自从在高中三年级结识柏拉图（Platon）之后，我就再也没能感受到智慧的启迪了。就算读完了伊壁鸠鲁（Épicure）、勒内·笛卡尔和汉娜·阿伦特（Hannah Arendt）等哲学大家，我也没能变得更智慧。当然，我也不确定自己有没有真在刻意追求智慧。我的确试过，但没成功。为什么呢？

智慧过时了？

"智慧"（sagesse）这个词在我看来一

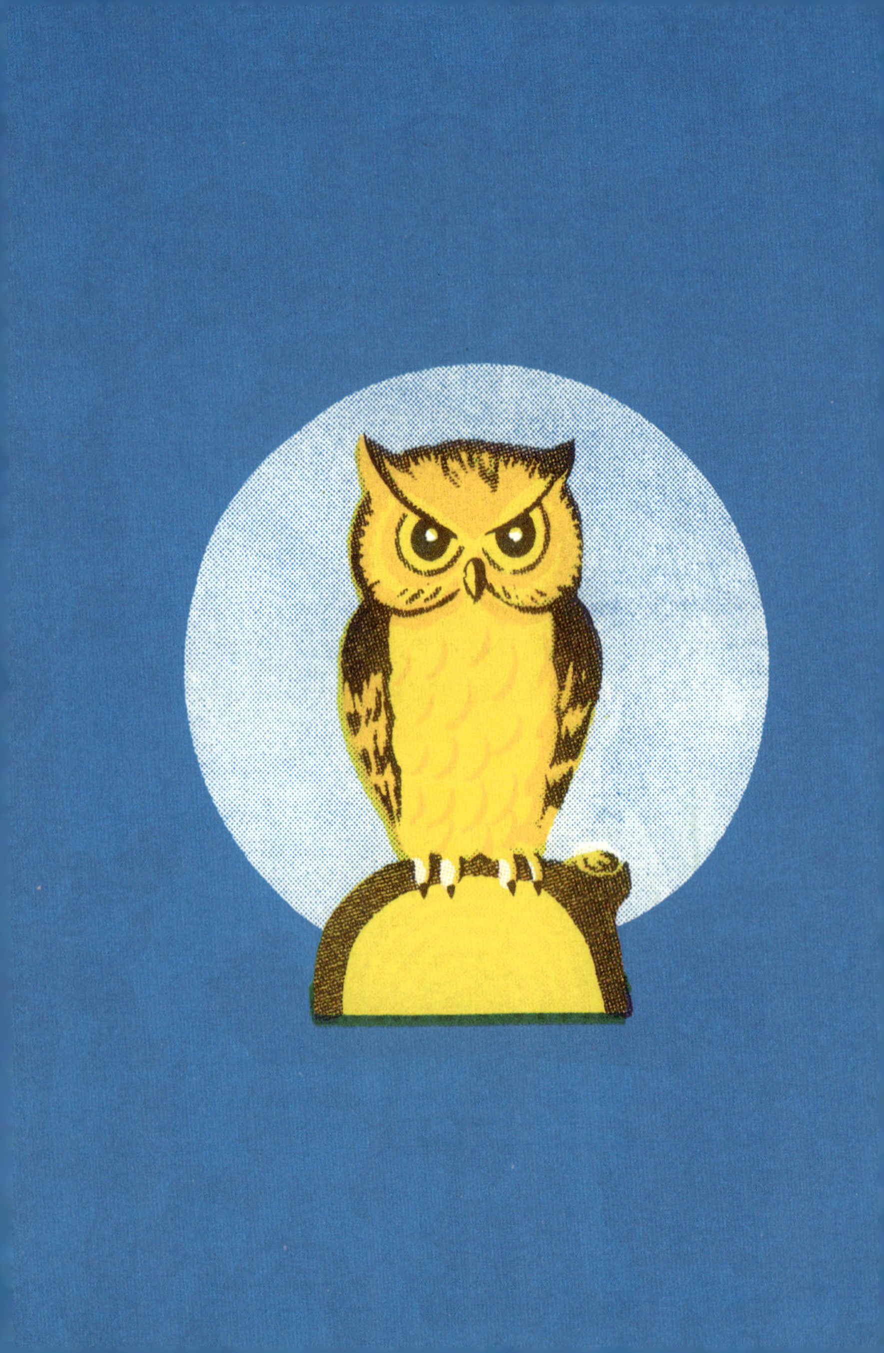

直有点过时。父母训斥孩子不听话（sage）[1]感觉已经是上一个时代的事情了，那个班上的笨学生还会被罚戴着驴儿帽在墙角面壁的时代。

看到那些刻意追求智慧（乖巧）的人们，我经常寻思：何必呢？问个挺实在的问题：智慧（乖巧）有什么用？又不像小时候，总以为只有乖小孩才能在圣诞节拿到礼物。

几年前，我似乎找到了点答案。那时候我正要接受一个全麻手术，躺在手术台上极度紧张。为了转移我的注意力，医生询问我平时是做什么的。

于是乎我提到了自己是学哲学的，眼下在做一档哲学节目。对方一脸意外的样子，问道："学哲学有什么用呀，如果你连乖乖躺在手术台上都做不到的话？"

彼时处在麻药作用下的我已经迷迷糊糊，但我清楚地记得医生的这句话。没错：如果哲学不能让我在任何场合下都保持克制、谨慎和稳重，那它到底还有什么用呢？

更重要的是，自高三以来我都没能发觉，哲学居然还可拥有这等好处：它让人变得听话自制，让人能勇敢面对大大小小的麻醉手术或别的什么紧张场合。

---

[1] 法语中的"智慧"一词写作"sagesse"，其形容词形式"sage"可以表示"聪明、智慧、乖巧"，也常用在父母训诫孩子的口语中，如"sois sage"，类似于中国父母敦促孩子"要听话、乖一点"中的"乖巧、听话、聪明"。作者通篇围绕着这个法语特有的语言巧合展开思考。——译者注

一万个哲学家，一万种"智慧"

几乎所有的字典都把智慧定义为一种对自我的掌控，那显然没人会不想变得智慧。剩下的，就是找到帮助你获取智慧的哲学手段了。到底读哪位哲学家的思想，才能达到掌控自我的境界，才能获得人性的成长呢？

托克维尔吗？他在民主思想领域启发了我，但很可惜，对躺在手术台上的我没什么帮助。

西蒙娜·德·波伏瓦吗？她的《第二性》(*Le Deuxième Sexe*)与其说让人变得乖巧，不如说让人更想造反。

托马斯·霍布斯（Thomas Hobbes）的《利维坦》(*Léviathan*)呢？他那怪物般的国家机器可和乖巧听话不沾边。

说到谦逊克己之智慧，只有一个哲学流派引起了我的注意，那就是斯多葛主义及其信条：做我们权能之内之事，余下则休矣。简单来说就是：尽人事，听天命[1]。

智慧：哲学的反面？

"做我们权能之内之事。"无论我默念多少遍这个名句都没有用，我清楚地认识到了什么是说时容易做时难。毕竟，到底如何明确划分哪些是"我们权能之内的事"而哪些是

---

[1] 出自古罗马斯多葛派哲学家爱比克泰德（Épictète）《道德手册》（*Manuel*，约125）第一条。斯多葛主义的主要宗旨是认识到："有些事情是属于我们权能之内的事情，有些事情却不是属于我们权能之内的事情。"——译者注

"我们权能之外的事"呢?如何才能知道什么是由我掌控的事、什么是剩下的?

百思不得其解的我不得不承认自己遇到了一个瓶颈:不知如何化斯多葛主义思想之精髓为日常行事之智慧。但我至少得到了一个假设:或许,智慧是无法被找到的呢?找不到的原因不是别的,仅是因为它并不真的藏在什么地方呢?

经过很长一段时间的反思,我甚至敢断言智慧并不存在。准确地说,智慧不存在,是因为变得睿智,就好像是达到一种虚无,变得听话,就好似少了一分色彩和激烈,而多了许多谨慎克制。换句话说,正如那个对智慧大谈看法的医生所言:那样的智慧就和自我麻醉一般……

仔细想想,使人听话顺从的"智慧"甚至可以算是哲学的反面,因为真正的哲学想要介入,想要变得激情洋溢,变得有所作用。它并不是要催促人们长大,就像面对一群小孩子一般,而是为我们添砖加瓦。

如此说来,哲学(即"爱智慧")是不是也该改名儿了?

08

为何恐惧"恐惧"

如何克服恐惧？如何超越它、与它共存甚至喜欢上它？为了回答这些不少人会提出的问题，成功励志学往往会忙不迭地援引塞涅卡（Sénèque）、斯宾诺莎或者尼采（Nietzsche）的观点。以上几位显然都是教人如何摆脱恐惧的良师。

塞涅卡、斯宾诺莎、尼采……阵容可谓相当强大，但真的有必要摆脱恐惧吗？为什么需要学会接受甚至爱上恐惧呢？被克服的恐惧还能称得上是恐惧吗？

恐惧，让人又爱又恨

在搜索栏键入"恐惧"，你会搜索到各式各样如何克服恐惧的建议、指导和小诀窍。可见恐惧是一种特别不被待见的情感：它让人丧失行动力、丧失判断力、是一种原始的动物性，等等。

这样看来，消灭恐惧就意味着在以下两个选项中做选择：要么，扩大、优化个人的

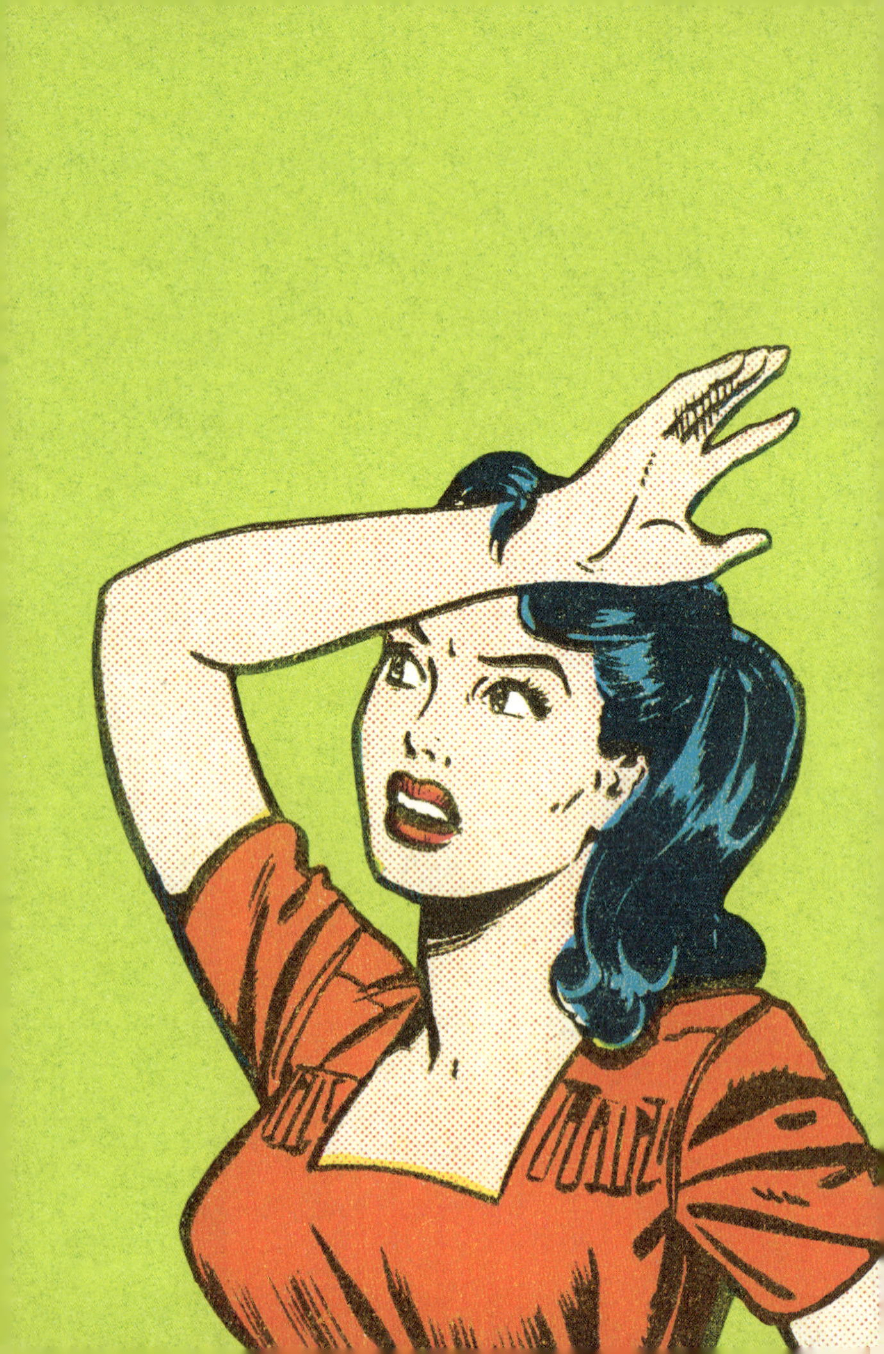

行动边界，也就是说，锻炼自己的胆识，做到不被任何事情阻碍；要么，减少公共风险，也就是说打造一个处处都很安全的环境。

但这种努力是不是有点矛盾呢？因为越是想要减少、控制甚至彻底消灭恐惧，恐惧越会变得无处不在、明目张胆……甚至还可能成为一些人畏缩不前、不愿行动的万能借口。或者反过来，让人们更为自己勇敢冒险而感到光荣。总而言之，过度忌惮恐惧往往后果有二：要么殚精竭虑，过度注重安全；要么反过来以险为乐，吹嘘自己多爱战栗的感觉……

恐惧，以及它的迷人之处，恰恰在于它让人又爱又恨，又抗拒又上瘾。在某种意义上，这也是恐惧最原本的定义：作为一种原始的情感，它既体现了我们在危险面前的脆弱，又展现了我们面对危险时迸发的力量。

既然如此，何必总是一边自找恐惧一边又想消灭它，让它生根只为更好地连根拔起？

挑战恐惧

以上种种疑问都是我在追一部惊悚剧集时产生的。我相信任何一个遭遇了类似恐怖片的人都会有所疑问，这种片子通常都会构建一些典型的场景和模式化的恐怖情节：闹鬼的屋子、地下宗教的密室、精神病院、连环杀人案等，从最初级的紧张不安到深层次的战栗，中间往往还夹杂了众多猎奇的恐惧症……

概括说来，几乎所有恐怖片都始于一个自身带有某种缺陷，或对某物有原生恐惧的典型人物。起初，他会被这种恐惧吓得无法动弹；然后，一步步地，随着恐惧升级，也不知是打开了什么开关，他会战胜这种恐惧或缺陷，更准确地说，是将恐惧转化为一种激烈的求生欲。

所以，恐惧并不是被消灭了，而是被储存和转换了，使得主人公能够得以求生，而不是坐以待毙。

这也是所有恐怖片观影者的追求：不是消灭恐惧，而是消灭对恐惧的恐惧。可这究竟是何必呢？为何要如此试炼自己呢？更重要的是：当我们不再害怕的时候恐惧还剩下点什么呢？

痛失恐惧

对生存的消极整合[1]，最佳敌人，糟糕的必需品……以上对恐惧的诸多形容让我们不禁自问：恐惧到底是什么，让我们如此爱恨交加？

---

1 指 Intégrateur négatif existentiel。消极整合的概念被应用在很多场合，指通过一些被动或消极的手段促进事物往有益方向发展，与积极整合相对。例如，在经济学上，消极整合指的是取消各种阻碍贸易活动的规章制度以促进经济活动，而积极整合则是建立新的制度而促进融合。前者具有一定的不稳定性和被动性。用该词形容恐惧，是指恐惧可以迫使我们打破某些禁忌或界限，实现某种突破。——译者注

除了对一个事物的过度抵触往往让其显得更无处不在这一矛盾,以及试图通过将恐惧转化成他物而消灭恐惧的这一悖论,在我们与恐惧的关系中,还有更糟糕的一层内涵:为了完善自我而妄图扭转天性。

所以说,为什么要去抑制这种对于人类而言具有警示、警戒作用,让人得以在自然界中幸存的原始信号呢?为什么要去试图驯服一种我们自然而然产生的反应呢?

每看完一部恐怖片,我都失去一点对血腥、鬼魂和杀人小丑们的恐惧。

一点点地,我将拔除"恐惧"这一让我能够做出本能反应的情感机制。恐惧感不仅代表了我身体内的一种动物性,也同时构筑了我人格中的独特性。它让我能够去爱,也让我懂得敬畏。失去了它,我会变得多么可悲啊。

或者更应该说,多可怕啊!一点点地,我将永久地失去自己身上直到失去那一刻才被发掘出的珍贵部分……

09

善良，糟糕的好感觉

"棉花糖似的天真口号""爱心熊般的世界观""道德绑架"[1]……即便在所谓福利社会的童话世界里，也不都是岁月静好。看看大家对"善良"是如何口诛笔伐的就知道了……

对善良的公开处刑

迂腐正经、动机不明、虚伪肤浅、只知道当和事佬但不真的关心他人、妄想取代公平竞争的政治原则……如今，"善良"这一美德显然已经跌下神坛。

倒也不是说善良已被彻底地蔑视或看不

---

1 开篇的三个短语为法国社会抨击过于天真的善良价值观时常用的口号。认为善良很多时候只是"绵软乏味得像棉花糖（guimauve）般的口号"，是沉溺在"爱心熊"（bisounours）那般童话世界里的表现（爱心熊为西方流行的一种卡通形象，由五彩缤纷的毛绒小熊组成），或者是一群自我感觉良好的人，将"善良"的价值观强加于他人，这无异于一种道德绑架。——译者注

起，而是失去了往日的光环。更糟糕的是，它常会引起大众的反感。

一边是对善良口诛笔伐的人，另一边是高举行善大旗的人，而更让人奇怪的是，善良似乎变成了一个非常容易引发争论、造成两极分化的话题。虽然不像环保问题那样激烈，但你批判善良试试，你一定会后悔为何要自讨没趣……

可为什么善良就比别的道德情感更让人怀疑呢？为何偏偏是善良而不是别的什么打着哲学名义的老掉牙议题，例如自尊、脆弱或是及时行乐等这些同样关乎人生幸福的理念呢？

为善而善

法国总统马克龙（Emmanuel Macron）似乎是第一批把"善"引入公共生活领域并让其流行起来的领导人之一，这里的善不仅仅被当作一种人与人之间的情感机制，而且是一种政治手段。

对善良的批判主要源自它的政治化，具体来说就是用一种心理鸡汤式的美德去取代社会的公平原则。但这个解释并不全面……并不是其政治煽动性的一面让人反感，更多的是因为伴随"善"而来的混乱：一来，很多善意只是一种形式主义，是伪善，不是真的共情；二来，很多善心或者说同情被大大地商品化了，被包装成一种具有商业价值的东西，不再只是一种深刻的美德。就我个人而言，我谴责的点是，善意看似是对他人的好意和照顾，背后却往往隐藏着一种留意、一种警惕，甚至是对他人的一种监视。

想要为别人好，对我而言没有什么比这更冒犯、更不像为别人好的了。很难相信一个人真的会为别人处处着想，或者说真的能设身处地为他人着想。

善良的特性在于：它是善意的，它是人在天真本性的促使下想要为别人好。但这也是它让人不悦的地方：除了亲切，除了好意，除了热心，它什么都不是。

甜到腻味

善良，其精神很可嘉，想法很乐观，它不强调人类任何的缺陷，也不揭露我们在时间面前的无力，更不会指出我们的悲观主义倾向。

善良深深扎根在一片"善土"之中，乐善好施。可这一切都太亲切了、太好了，太多所谓的善意了。

而这也恰是对善良围追堵截的矛盾之处，善良被排斥，并非是它本身允许或不允许我们做什么，而是它展现出来的一些东西。在有些人看来，善良完美地象征了那些黏腻的、童话般的美好感情，甜蜜到让人反胃。

一边想要为别人谋福利、关心他人、宣扬共情和倾听，一边又抗拒善良这个概念，当下社会的这种伪善究竟是哪里来的呢？

除了想找一个替罪羊之外，对善良的批判反映了人们对

"美好"、对"天真"、对"正能量"的反感。想要真的"幸福生活"（bien vivre）首先就意味着不要天真幼稚地看待世界，无视社会的黑暗面或是自身的缺陷。

不过，为什么不直接承认"幸福生活"就是一种"政治正确"，本身就有着天真幼稚的一面呢，它追求的不恰恰就是一个玫瑰色的、爱心熊般的童话世界吗？而我也经常问自己这个问题：为什么总爱和那些老古板们过不去，和善良好意过不去，总喜欢唱唱"政治正确"的反调呢？再说了，喜欢天真浪漫又有什么不好呢？

10

是，一切的一切，我后悔一切

"一切过往，皆是后悔和失望！"

你一定听过这样的哀叹。可人们为什么这么抗拒后悔呢？为什么有所遗憾就值得自我谴责，或成为一种沉重的心理负担呢？

人生，一条遗憾之路

毕竟，人皆有憾，这没什么大不了的。我们总会为某些事情感到遗憾或懊悔：一个渐渐断了联系的人、某段逝去的人生经历，或者一句没能及时说出口的话……

但同样可以确定的是：和内疚不同，遗憾更多的是为没做的事情而痛苦哀叹，并非因为什么事做得不好。因此，它是一种基于假设或建立在条件式之上的情感，如履流沙之上（"我本该这样做的""我本该抓住机会的"，诸如此类），让人越陷越深。

如果人生是一条充满可能性的路，且这种可能性随着我们不断地选择而逐渐收窄，那么实际上人生注定会是一条充满遗

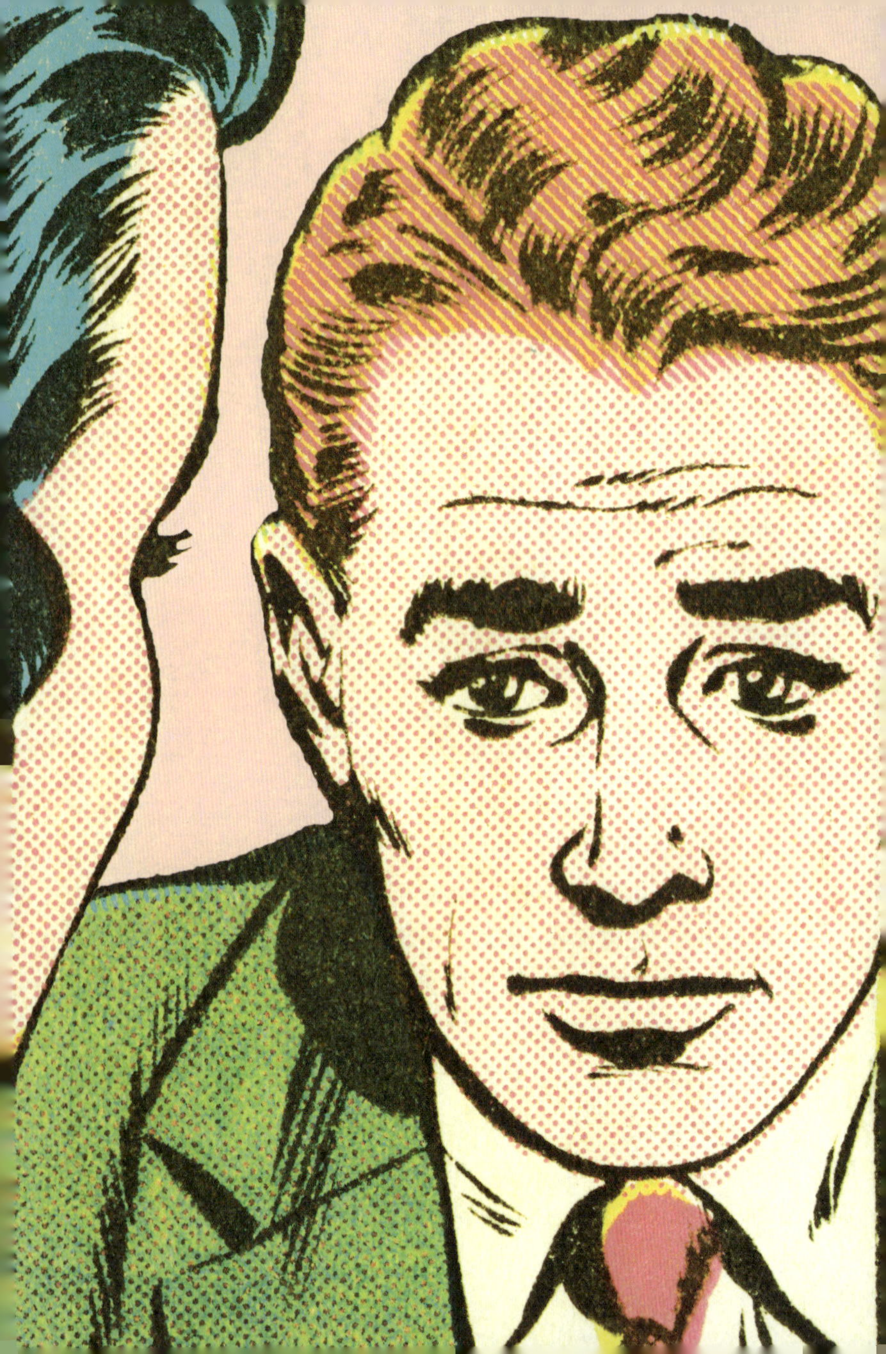

憾的路。

既然如此，为什么不去接受它、面对它呢？一辈子怎么可能没有遗憾之事呢，毕竟我们大部分的时间都在放弃些什么（比如，没有好好学数学、没有去学开飞机或者没有经常给某个亲人打电话）。

无悔一生或带悔生存

毫无遗憾地生活究竟意味着什么？如果拥有一个毫无遗憾的人生是不可能的，那么人们为什么还独独不愿放弃追求人生无悔，哪怕只是表面上的无悔呢？

随便翻开一本谈及这个问题的成功励志学书籍，你一定会读到斯多葛派哲学家爱比克泰德的一句名言：

> 一个明智的人，不会为自己所没有的东西而懊悔，而会为自己所拥有的而高兴。[1]

究竟应该如何去理解"不后悔"这个概念呢？是指我们永远不应该后悔——这一几乎不可能之事——还是，我们已做足了心理建设，学会了克制悔意并减轻它所带来的痛苦？

克制或掌控后悔的情绪不啻为所有抗遗憾教程的关键，但这不也十分矛盾吗？因为克制悔意，往坏了说，就是装作

1　爱比克泰德，《道德手册》（约 125）。

它不再沉甸甸地压在心头,往好了说,是能从中看到希望,吸取教训,以期不再重蹈这"没走过的路"。

可说到底,一个不再萦绕心头的遗憾,还称得上是遗憾吗?这是不是否认了遗憾在我们人生中不可避免的存在呢?不留遗憾的生活,还是完整意义上的生活吗?

拥抱遗憾

就我个人而言,我有一堆后悔的事情。相比于试图忘记它们或者沉溺其中,我更愿意把每一个遗憾都当作一种证明,证明一个选择已被做出,证明"是的,也许我该果断放弃数学或者学开飞机,但我做了别的事情"。

当然,我们没有理由为所有没能去做的事情感到惋惜。从失去一个亲人到丢了家门钥匙,后悔之事显然也有三六九等,有一些会持续的时间更长,影响我们更久。但无论如何,悔意永远在那里,无可取代。

那为什么不这样想呢,或许选择了不留遗憾的生活会让我们后悔没有选择有遗憾的生活,甚至也可以这么想,扼腕叹息不也给我们带来很多乐趣吗?

圣诞魔力，终到尽头？

如果读到这一节的时候还没到十二月份，你不妨直接跳到下一节。

如果恰好是十二月，那么欢迎你，请继续往下读并允许我提一个问题：是时候不再迷信（恋）圣诞魔力奇妙夜了吗？

迎合派 VS 排斥党

每到十二月，都免不了老调重弹：支持派和反对派又一次僵持不下。一派是那些耽于年底节日喜庆的"没头脑"们，不亦乐乎地沉浸在圣诞氛围中不可自拔：细心装扮圣诞树，耐心准备礼物，一边喝着热红酒一边欣赏年度最佳爱情喜剧。

然后，是另一拨人：一群愤世嫉俗的"不高兴"们，嘴边经常挂着尼采或者齐奥朗的名言，忙不迭地向大家指出圣诞大餐如何体现了资本主义的堕落、令人不齿的贫富差距或者引发了环境危机，认为圣诞狂热分子轻则头脑简单，重则狼心狗肺。

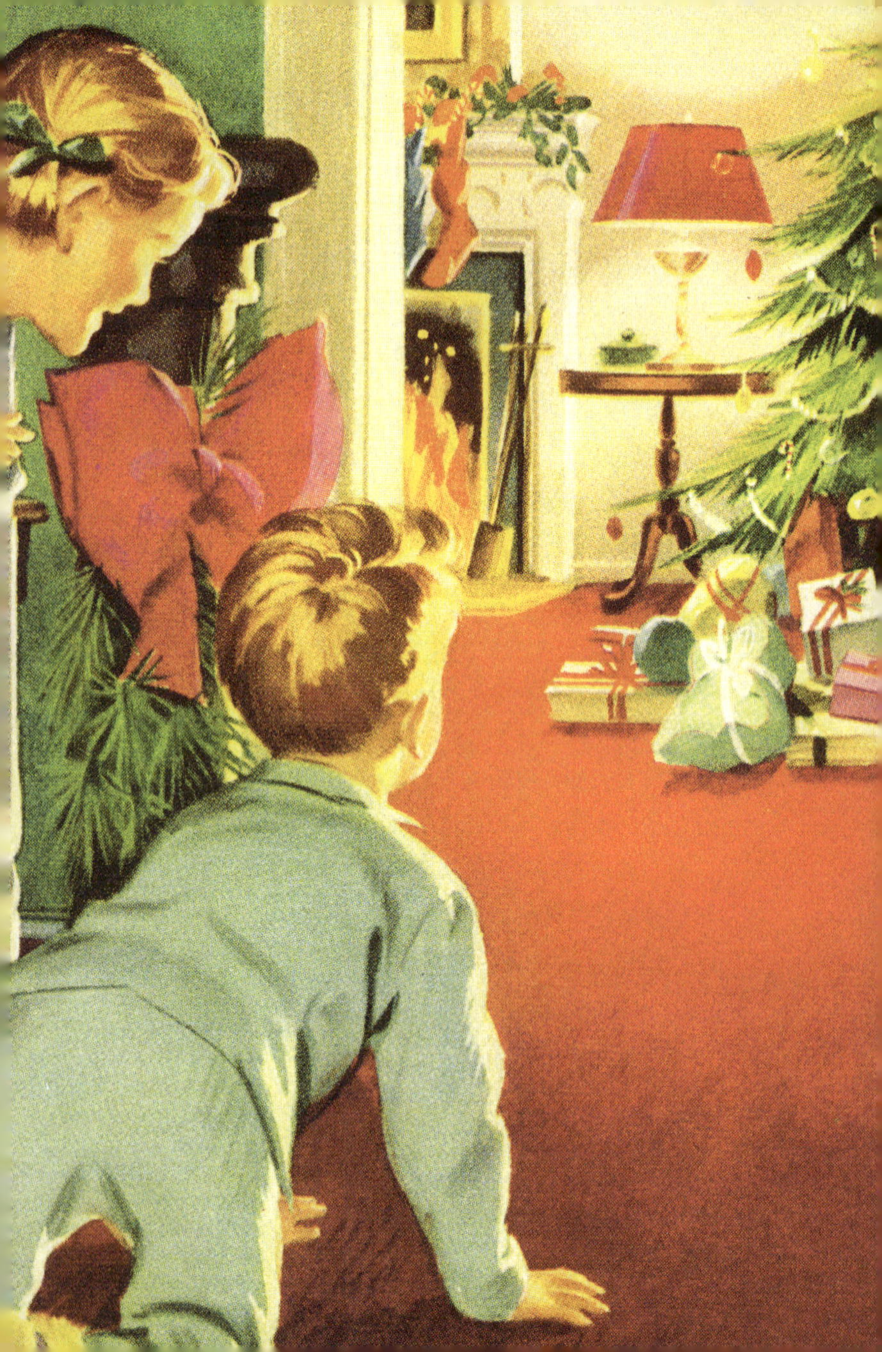

要想谈谈这"圣诞魔力",就不得不盘点一下这些永恒不休的分歧。显然,各方已经做了辩护——圣诞老人爱好者也好,"圣诞恐惧症"患者也好,甚至各类个人成长指南都不忘借机煲上一碗心灵鸡汤,指导大家如何享受节日、面对节日、利用这个特殊时刻回归本真,常用论调就是:要珍视家庭,珍惜时间,品味人生……

但如果我们别无选择呢?无论你喜不喜欢,圣诞节就在那里,它的魔力就在那里。为什么一定要分个热爱与否,或是一定要从中感悟点什么呢?

圣诞显灵

喜欢圣诞节也好,不喜欢也好,我个人认为翻来覆去地思考年终节日是没用的,想要给节日找点这样那样的意义是没必要的,一遍遍纠结喜欢还是厌烦更是毫无意义……因为,实际上,圣诞魔力确有其效。

在我们有意迎合或者刻意抗拒这个节日之时,的确有一些神奇的东西触到了我们,吸引着我们……是什么呢?究竟什么才是所谓的"圣诞魔力"?它是如何"施法"的?这才是问题的关键:为什么我们无论如何都摆脱不了圣诞节的影响呢?

在我看来,圣诞节的神奇氛围其实和那些"圣诞景观"没什么太大的关系,也就是说和那些让人难以忍受的圣诞歌曲、耀眼夺目的花环装饰或者家家窗户外边吊着的怪诞圣诞老人玩偶没什么关系。正相反。

所谓"圣诞",真正关乎的不是我们眼前所见的,而是那些我们看不见的。那些飘浮在空气中的、朦朦胧胧、难以触知又让人微微悸动的东西。只需一缕气息、一丝轻风、一束光线,脑子里便会电光火石般浮现出一个意识:"好了,到这里了,一年又过去了。"

节日终曲

因此,圣诞在我看来是不可抗拒的,它不偏不倚也不可或缺……而用铺天盖地的歌曲、花环和灯光大肆渲染它的魔力、烘托它的神奇氛围,反而抹去了圣诞本身那神圣、玄奥和隐秘的一面。

圣诞魔力不是什么廉价的魔术,不是那些仙气飘飘、热闹生动的营销表演……圣诞影响我们心绪的方式尚不可知,它的力量更多地蕴藏在那些触动我们但难以解释的神秘之中,而不仅仅是靠着那些绚丽夺目的声光氛围。

相比于故作隆重地庆祝圣诞节,将它一切的运转流程都在台面上摆个明明白白、一览无余,我更愿意绕过这些"支持还是反对"的永恒争执,静静欣赏圣诞节那无法参透的神秘魔力。

12

逐梦到底……

"追逐自己的梦想,坚持到底。"从弗洛伊德(Freud)到让-雅克·高德曼[1],这句话几乎让所有人的耳朵都听得起了茧子,却鲜少有人认真想过:这到底是什么意思?

一诺千金

有些人会简单地说"实现梦想",另一些人则感觉有必要强调是"实现儿时的梦想"。不管怎样,中心思想都是:"坚持到底,实现小时候的梦想。"好像只有实现梦想才能换得如假包换的幸福。

显然没人能拒绝得了"寻找幸福"的诱惑,但一定要通过实现梦想去达成吗?为什

---

[1] 让-雅克·高德曼(Jean-Jacques Goldman),生于1951年,是20世纪80年代法语乐坛最为炙手可热的歌手之一,也是获得格莱美大奖的法国歌手和词曲作者。他的代表作中有一首歌就叫作《追求我的梦》("Au bout de mes rêves")。——译者注

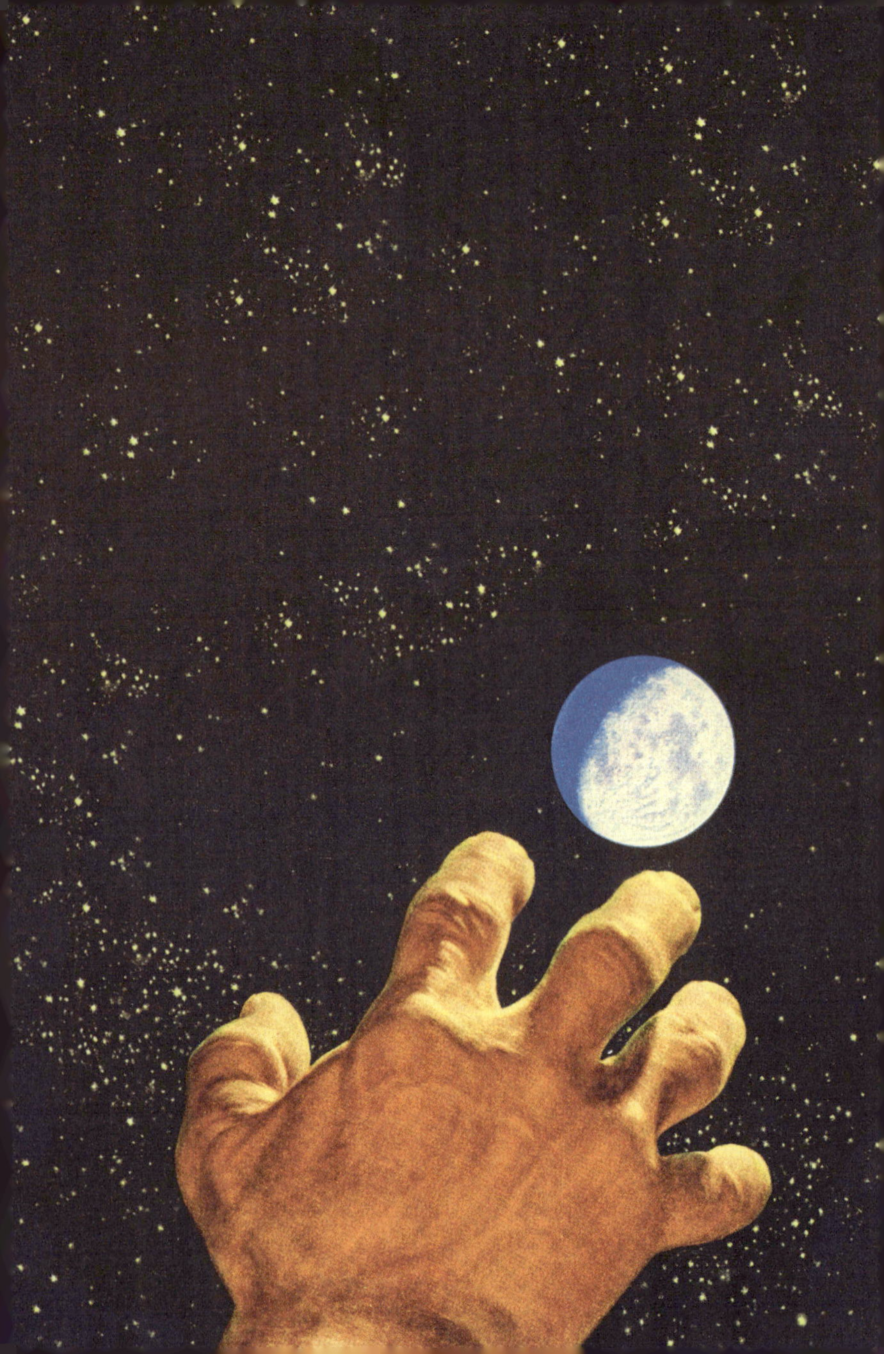

么一定要重新翻出内心那些埋没已久的梦想，逐一辨别确认之后再度尊奉为人生目标，接着动用一切精神力量和物质手段去实现它们呢？这真的是一条保证能通向幸福的道路吗？

这一切似乎都建立在这样一个假设之上：如果我们过得不如意，是因为我们忽视了自己的梦想和初心，也因此忽视了自己很重要的一部分，如果想要一切变得好起来，只需不忘初心，试着实现自己最初的梦想。

行吧，但是为何幸福一定就包含在梦想中呢？凭什么梦想就比其他事物更能代表真实的自我呢？

滤镜下的梦想

有这样一种被我们当成理所当然的陈词滥调：能否彻底、全面且终极地实现自我完全取决于我们能否实现自己的梦想，尤其是孩童时候的梦想：成为宇航员、消防员、作家、兽医、名人或者赚很多很多钱……

就好像这些梦想代表了我们究竟是个什么样的人，代表了我们的本真和我们期待中的理想的自己，而这一部分的自我会随着长大渐渐被遗忘或者变得遥不可及。实现自己的梦想，就像是做到了最好版本的自己，成了最真实、最坚实的自己。也就是活成了理想典范，得到了精神满足。

但是，先不说"逐梦"这充满"权力意志"之渴望的自我满足之旅，我本人和我的梦想真的可以这么轻易地混为一谈吗？我们的梦想真如想象的那般真实无误吗？它们是不是某种意义上也在不断地被重塑或者被重新演绎呢?

这里包含着一个双重问题:首先,"实现梦想"的说法会让人觉得梦想里包含着真实的自我,且是一个没有被外界的污浊腐蚀的纯洁自我。其次,它让人感到"梦"是真实的、可触及的、合乎情理的……不像现实生活这么荒唐可笑。

可如果梦比现实更好,那为什么要追求把梦变为现实呢?

有目标,多悲哀

虽然这样说可能有点不太寻常,但我不得不说没有什么比想要"实现梦想"更荒唐的了。因为一旦实现了它们,就是确确实实地把梦想变成了一种现实,换句话说,就是把"梦想"变成了那总被人们百般嫌弃、虚假堕落如万恶之源一般的"现实"。

这样看来,实现梦想,并非只有"把梦想变成现实"这一种路子。事实上,去除梦想身上所有的幻想成分也是一种"实现"它们的方式。将梦想削皮去骨,变成一纸计划书,总结成一个冰冷的目标,让它们跌落神坛,从美好的愿景里剥离出来。

当我们的梦想变成可悲的人生目标之时,它还剩下点什么呢?没有了这些梦想,我们又能用何种方式暂时逃避现实世界呢?

13

"回归本质"

不管是政客、艺术家、人生导师,还是家人或朋友,他们常常把这个词挂在嘴边:本质在于……每个人都想回归本质,抓住重点,看清关键。但本质,究竟是什么,又到底在哪儿?

本质 VS 琐碎

听了太多的"回归本质"之后,一个问题不禁浮现在脑海:我们每天到底都做了些什么啊,让大家这么渴望回归本质?难道每天我们忙的都是些无关紧要的、多余又琐碎的事情吗?

更何况,在我的印象中,大部分人都活得相当"回归本质"啊,至少每天大部分的时间都在完成很本质的事情:吃饭、睡觉、工作、看电视、陪孩子玩耍、阅读或者刷朋友圈。换句话说,都在做对我们而言十分重要的事情。

当然,我能看出"回归本质"这句话里

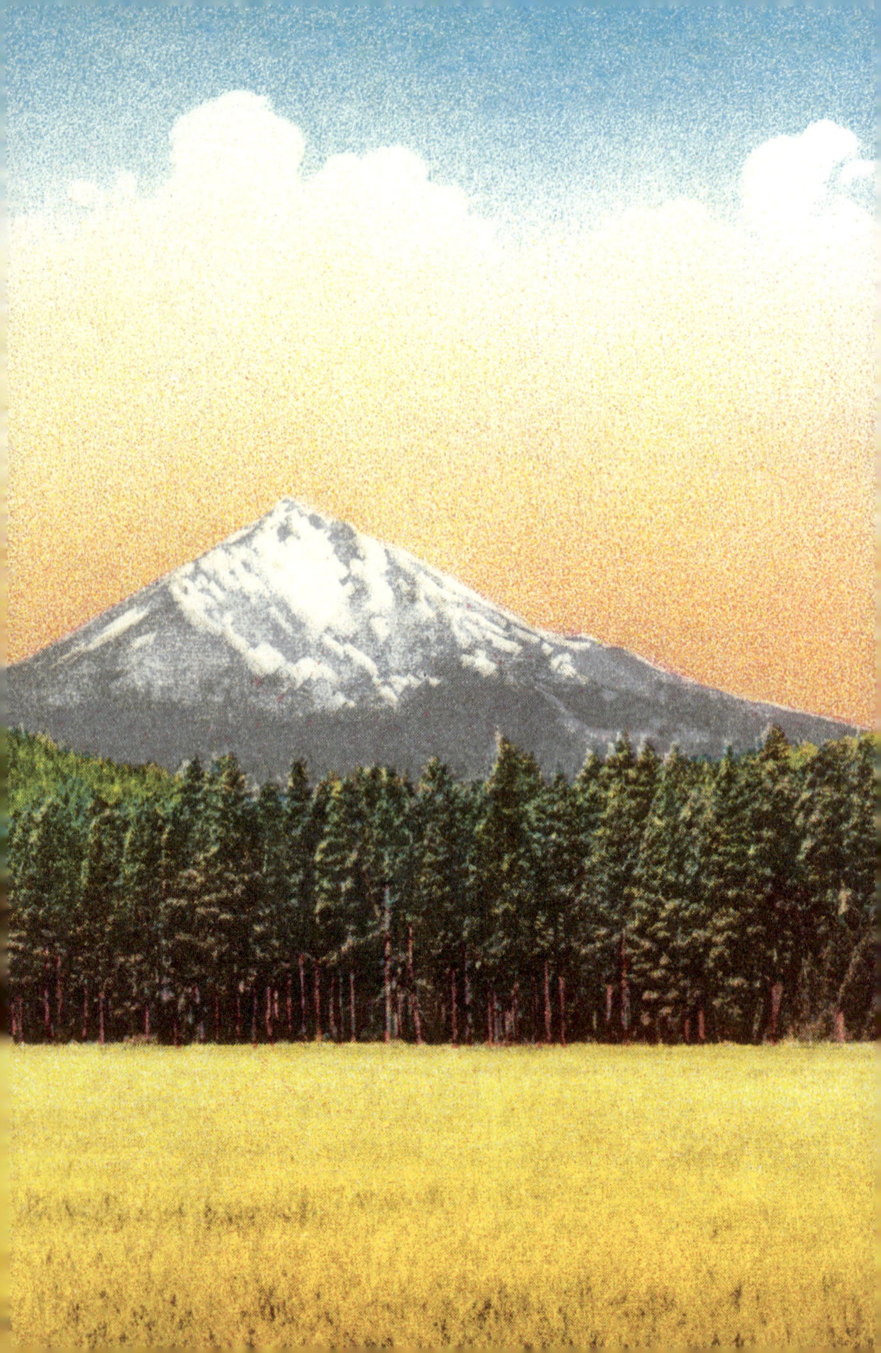

暗含的前提条件：所谓的不顾本质，就是指我们搞不清楚到底什么才是真正重要的——关心他人，独处时光，倾听彼此，这些才真的重要，而不是把注意力都分散在了各种琐事和没必要的担心上，整日瞎忙活……

我们究竟给"本质"下了什么样的定义，导致大家常觉得自己活得不够本质？为什么将精力分散在琐碎中就不能算作一件关乎本质的事情呢？为何"舍本逐末"不能也是一种人生意义呢？

自我清理

在所有这些关于"本质"的伪哲学讨论中，有一个关键概念就是做到"自我清理"，类似于哲学上说的去粗存精、回归事物的"实质"。从哲学上的"实质"一词到伪哲学里的"本质"之说，看似一字之差，实则是失去了众多内涵和精妙。

但说到底，背后上演的还是那些永恒的缠斗：存在或表象，主要或次要，是去粗存精、主攻决定性的真善美之事，还是疲于奔命、埋首假大空的虚浮之事……

于是乎便诞生了"腾出空间"或"断舍离"的口号，但腾出空间给谁呢？如果说，那些"本质"之事既不是满足我们自然需求和精神需要的事情（例如吃饭、睡觉、工作），也排斥一切琐碎和消遣（比如沉湎于无意义的辩论或者在屏幕前蹉跎时光），那"断舍离"后的我们到底还有什么事儿可做？

"回归本质"一说堪称是看似言之有物实则含糊其词的

典范——除了一再强调"回归本质"是很"本质"的事情，且因为"本质"所以"必要"所以"高级"之外，什么都没说。其言辞之含糊空洞让我们不得不怀疑：真的有什么事物可以被称为"本质"吗？

谈谈"精华油"[1]

"回归本质"，换句话说就是"回归精华"，这句教诲的矛盾之处不仅在于它鼓励我们追逐一个根本不知道如何定义甚至可能并不存在的"精华"，更在于它所强调的"回归"二字。

"回归本质，去粗存精"要求我们重新拾起一些关键的、重要的、关乎精髓却大概率已经被我们遗忘的事情。如果它这么容易被遗忘、这么容易消失，我们对此还毫无知觉，那它还算得上是精髓吗？

或许，这个我们努力回归的"本质、精华"和美容里用的精华油有异曲同工之妙？精华油可以触及我们的机体，深层地滋养修复我们，帮助我们容光焕发，成为最好的自己，但它说到底，还是多余的。

没有精华油，我们的皮肤，连同我们的内在一样会好好的。这样看来，精华油也没那么"精华"吧？那回归"精华"中的精华，不也是如此？

---

[1] 法语中"精华油"一词和"精华、实质、本质"是同一个词，都写作"l'essence"。——译者注

14

强颜"微笑"

某日，我正骑着自行车去上班，突然身边经过另一个骑手，平白无故地冲我来了一句："别板着一张脸啦，笑一笑，你看，会好很多的。"表面是建议实则是冒犯，太阳底下真是毫无新鲜事。

不过，他的话同样引起了我的深思：如果他说的有道理呢？为什么不保持微笑呢？为什么不装出一副开心的样子呢？这样岂不就能避免类似的不悦场景了？总而言之，这简单的微微一笑到底有何奇效呢？

微笑，让一切好起来

我没想到在搜索引擎里输入"微笑"一词，能检索出这么多的相关词条。

不得不说，很可惜的是，尽管海量，但内容相当单一，不外乎是微笑的好处、微笑的威力、微笑的强大作用等，并会适时引用哲学家阿兰的名句：

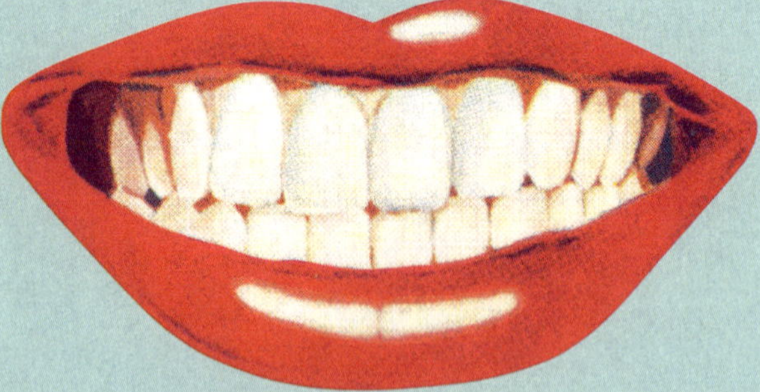

> 微笑是更加完美的笑。正如怀疑会招致怀疑，微笑也会召唤微笑——它让别人信任我及我周边的一切。[1]

中心思想十分简单明了：微笑和幸福之间有着深刻的联系。其逻辑之所以简单，恰恰在于这不过是简单描述了一种状态（感到好很多）和一个表征（微笑）之间的因果联系，这种关联大家有目共睹：当人们觉得一切顺遂的时候，人们会微笑。我的面部表情彰显出了我的幸福。

但如今的"微笑哲学"比这个狡猾一些，它似乎逆转了这层因果关系。简单来说就是，它号称，在我们沮丧难过的时候，微笑可以让我们好起来，就和我之前遇到的那位骑手所说的那般……

真的吗？单靠微笑就能变得幸福？时刻告诫自己应该微笑，强迫自己去微笑，为微笑所困，难道不恰恰违背了幸福快乐的真意吗？这样的微笑不就是一种表面的伪装吗？

被迫微笑

深入了解了这些"微笑哲学"之后，我再度震惊：它们不仅十分乏味单调，内里还十分的悲哀。这种悲哀在于，一味强迫大家微笑不过是揭示了一点，即微笑可以是机械的、

---

1 阿兰（Alain），《幸福散论》（*Propos sur le bonheur*，1925）。

被迫的、虚假的，其中包含着某种可悲、绝望甚至是可怖的一面。

你可以自己在家玩个游戏：试着将嘴角肌肉努力上扬，集中注意力保持这个面部表情……很快你就会感到自己像是在做一件蠢事。如何去操控一件不受控制也不该被控制的事情呢？单纯地改变面部表情，矫揉造作地戴上一副感情面具，又怎能让人真的感觉更好呢？

在神经科学和认知科学的研究中，微笑分为好多种。有反射性微笑，有接近大笑的自发性微笑，有嘲笑、讥笑、蔑笑，以及最终，有在社交场合被迫装出的强迫性微笑。这种社交被迫性微笑和我们自己强迫自己挤出的微笑，又有什么区别呢？

真正的问题来了：各种人生成长指南都一再强调这种为了自我感觉更好而微笑的微笑不算是强迫性微笑……可究竟有何区别呢？一边是强迫自己微笑好在社交场合不被看出异样，一边是强迫自己微笑好不让自己感到异样而已。

一种"表"情

说到底，微笑问题并不真的在于"我们做给别人看的表情"和"我们究竟感受如何"之间的落差，不是表面和内里的矛盾。都不是。真正的问题出在这种试图通过模仿、通过咧嘴或撇嘴的动作来进行自我暗示的理念。

这些僵硬的面部肌肉收缩，并不能成为我们和外部世界的接口，反而会成为一堵墙，成为一个壁垒。更糟的是，这是一堵粉饰太平的墙，它被漆上了一层高兴的假象，非但不会让人感受到快乐，反而会让人感到一种深深的不适。

　　就我个人而言，不管那个骑手的建议如何，我还是打算不去过度在意我的外在表情……出乎意料的是，这反而让我忍不住微笑了起来。

15

钻"钻牛角尖"的牛角尖

我是真没料到,"钻牛角尖"居然会成为心灵鸡汤文学最爱探讨或者我愿称之为最"钻牛角尖"的话题之一……钻牛角尖作为负面思维方式的代名词,通常被认为既无用又消耗精力。自然而然,我们应该尽量减少钻牛角尖。但……究竟为什么不能钻牛角尖呢?

没完没了的深思熟虑

作为一种重复性行为,"钻牛角尖"似乎成功感染了那些热衷批判"钻牛角尖"的人们,让他们也一同落入牛角尖中:具体体现在他们说来说去不过是重复着一件,不,应该说是三件事情。

首先,是对"钻牛角尖"(rumination)那永远众口一词的消极定义。诚然,所谓定义,就是对一个事物恒定且本质特性的客观描述。但意外的是,人们似乎总喜欢带着天然的偏见去定义"钻牛角尖"。钻牛角尖仿

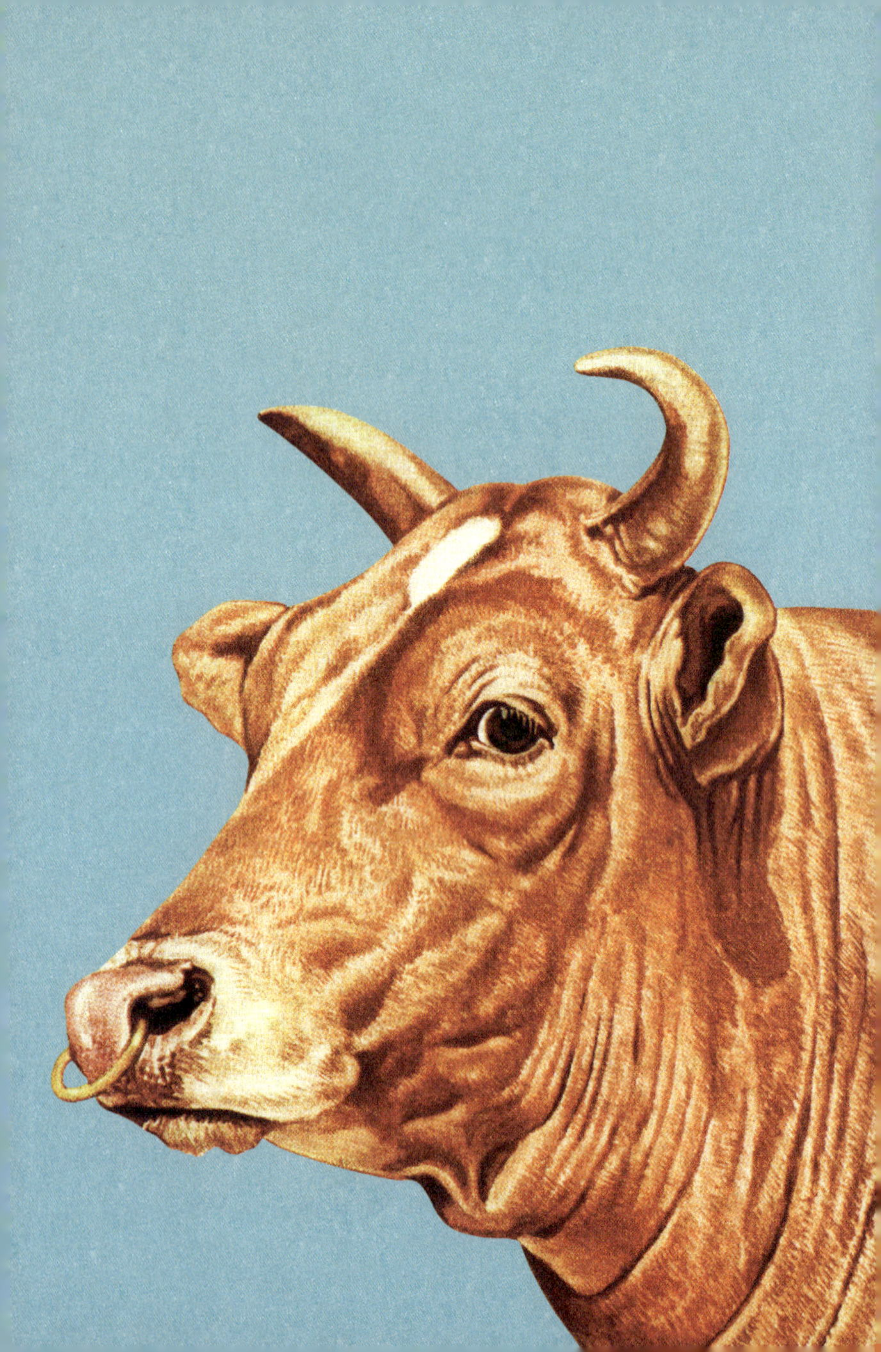

佛一上来就被它的表象定论：先不管一个念头究竟如何，只要是翻来覆去出现的，就是不好的。因为重复，所以讨厌。

由此引发了关于"钻牛角尖"的第二个陈词滥调："钻牛角尖"或者说"反复思考"，很少被看作一个单纯的、在脑海里反复咀嚼回味的想法，而是一件确确实实影响到我们的实际行为。因此，这种在脑子里翻来覆去琢磨一个想法的现象不知怎的就被看成是一种病态的行为。也就是说，它被当成某种啃噬着我们内心世界的心理疾病的症状。

最后，以一股子终审判决式的语气，人们高举大旗：必须消灭"钻牛角尖"的行为。

应该停止钻牛角尖吗？

按照上面的说法，整个思路和解决方案似乎都很符合逻辑：如果钻牛角尖影响到了我，当然得不再钻牛角尖。不过，就算思路是符合逻辑的，最初的出发点也同样符合逻辑吗？钻牛角尖真的就那么糟糕，糟糕到必须想办法挣脱吗？

对钻牛角的谴责实际上存在两重问题：

一方面，钻牛角尖变得有害，恰恰是因为我们把它看成了一种有害行为。那为何不换个角度看它呢？为什么不把钻牛角尖看成那种尼采或德勒兹[1]式的重复？或像音乐中的回旋曲或和舞台剧的反复彩排一样？

另一方面，抵制"反复思考"这一行为似乎和大部分成功励志学所宣传的内容自相矛盾。这些长篇大论的心灵鸡汤不放过任何一个对我们内心世界指手画脚的机会。而它们一边让我们要仔细聆听内心的声音，一边却又叫我们不要多想。

思考终归是思考

相比于攻讦，我倒觉得应该捍卫甚至赞美钻牛角尖。说到底，钻牛角尖和钻研之间到底能有什么区别？为什么后者就属于思考的范畴而前者就不是呢？

钻研也好，钻牛角尖也好，思考终归是思考，它没有什么固定不变的形式，也不一定遵循什么成规。一个想法不一定只出现一次，它会不断以各种形式浮现，且糅合了五花八门的念头、情绪和感觉。

反思也好，反刍也好，思想是杂糅的、沉甸甸的，有时

---

[1] 吉尔·德勒兹（Gilles Deleuze，1925—1995），法国著名后现代主义哲学家，对历史上以及同时代诸多哲学家（例如尼采、福柯等）和艺术家的作品进行了解读，影响力十分深远。代表作有《千高原》[*Mille Plateaux*，1980，与心理学家费利克斯·加塔利（Félix Guattari）合著]、《差异与重复》(*Différences et répétition*，1968) 等。——译者注

甚至会顽固地纠缠着你，直至你不胜其扰。我们总会在脑内不断盘算和纠结日常生活的各种场景，争吵也好、失恋也罢，每个人都会有无法摆脱的焦虑、痛苦或恐惧。

　　这些算是钻牛角尖吗？算。它们都是不好的想法吗？不。有些人甚至会喜欢上这些想法，愿意珍惜它们，视它们为自己思想的一部分……以至这些念头最终消散时，还甚是怀念。

（不）学习去爱

和世界各地一样，"爱"在个人成长心灵鸡汤中占据着重要一席：什么事儿都能扯上爱，还经常适时包裹一层哲学的外衣，好像哲学家都和丘比特似的，满世界充当爱的使者。

确实也没什么不好的，有什么比让一个哲学家教你走出感情伤痛更妙（糟）的呢？……只是很多情况下你可能所获寥寥，除了从柏拉图那里学到一句"每个人都在寻找其另一半"（参见柏拉图《会饮篇》），或者听加缪告诉你"我只知晓一种义务，那就是爱"。综合下来好像也不是很有启发性，那怎么办呢？

可你若多读读人生导师们的鸡汤文，便会发现，在他们眼里只需一点启蒙、一些经验或是略施小"计"，就可以学会爱以及让爱长久的方法。

爱，真的可以学来吗？

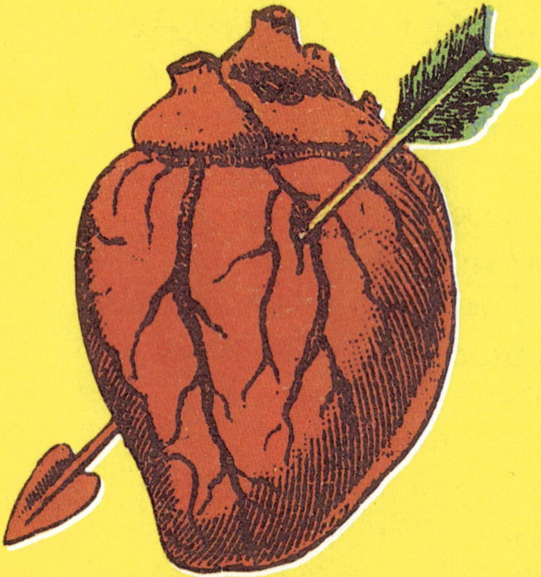

学会爱或表达爱

"学会去爱"这一概念如今已泛滥成灾,且一副不容置喙的样子……但果真如此吗?别的不说,你们学习过爱吗?在哪里学的,什么时候学的?有哪些必修课程呢?

为什么爱非得是学来的,而不能是天降的或自然而然的呢?举个例子,我爱我的父母,但不是学习来的(或是在浑然不知中就习得了),这和我爱我的女儿、我爱我的朋友们一样。爱不需要解释,它就摆在那里。

为什么爱要关乎学习或技巧呢?难道简单地说一句"我爱你"不足够吗?

这个问题不容忽视:如果爱不再满足于自然而然地产生或消失,不再立足于自身、靠自身力量让人信服,那它一定是缺了点什么,但到底是什么呢?

爱有何缺?

针对这个问题,我们找到了以下三种可能的解释。

首先,爱本就不意味着一种自然状态,我们可以在英国哲学家托马斯·霍布斯的观点中找到例证。对霍布斯而言,人类的本性是自私的利己主义,而不是分享。

其次,在当今时代,爱已经不再真实可靠。这恰合了反现代主义者的批评:爱,和其他的一切一样,都今不如昔。在以前,我们爱得更健康、更激烈、更不物欲熏心。

最后,爱总有出岔子的危险,要么操之过急,要么太个人主义，经常爱得太肤浅或者爱得经不起触碰，这些是爱情理想主义者们的观点。

爱的艺术也好，理想之爱也好，永恒的爱也好，这种习得的爱是激情之爱的反面，它更像是一种用来自我约束和自我考验的美德，它不是一种感官体验，而更像是一种试炼。

太多陈词滥调

说到底，学习去爱其实很符合爱的经典定义，即爱是一种美德。但我们可否与这种古典主义的观点背道而驰呢？

可不可以不把爱当作一种美德，当作一种用以培养、塑造、改善和稳固一段关系的灵魂品质？听听这些词，"塑造""改善""加固"……这也正是美德般的爱让人爱不起来的原因，它听上去像一个家用电器一般……

但不想学习美德之爱，是不是就意味着立即转投激情之爱呢？一定只能在这两种爱之间做选择吗？

这恰恰就是"学习去爱"这一概念给我们制造的难题：它不过是再一次开启了选择美德般的爱还是激情之爱这一自古以来就有的艰难抉择。更何况爱经常两者皆非……这就难办了，人们好像很难承认爱既不一定是疯狂的也不绝对是理智的，更是很难接受这最重要的一点：爱并不非得是什么样的。

17

关怀自己

我们不该忘记，在成为个人成长励志学的标配口号之前，"关怀"（le soin）是哲学中的一个重要概念，在美国心理学家、哲学家卡罗尔·吉利根[1]的理论中，也被叫作"care"。

在哲学中，"关怀"被定义为重新思考自己与他人关系的一种方式：这种关系不是从那些抽象概念出发去考量的，例如利益、公平或者生命权益等，而是从关心和个体的孤独等角度出发，强调的是一种指向他人的人际关系。

而"关怀"的概念一进入到个人成长励志的语境里，这种"与他人的关系"就好似完全消失了一般，只留下一种……和自己的关系！而这种只关乎自己的"关怀"里到底

---

1 卡罗尔·吉利根（Carol Gilligan），美国心理学家、伦理学家及女性主义者，以对女性与关怀关系的研究而闻名，代表作有《不同的声音——心理学理论与妇女发展》（1999）。——译者注

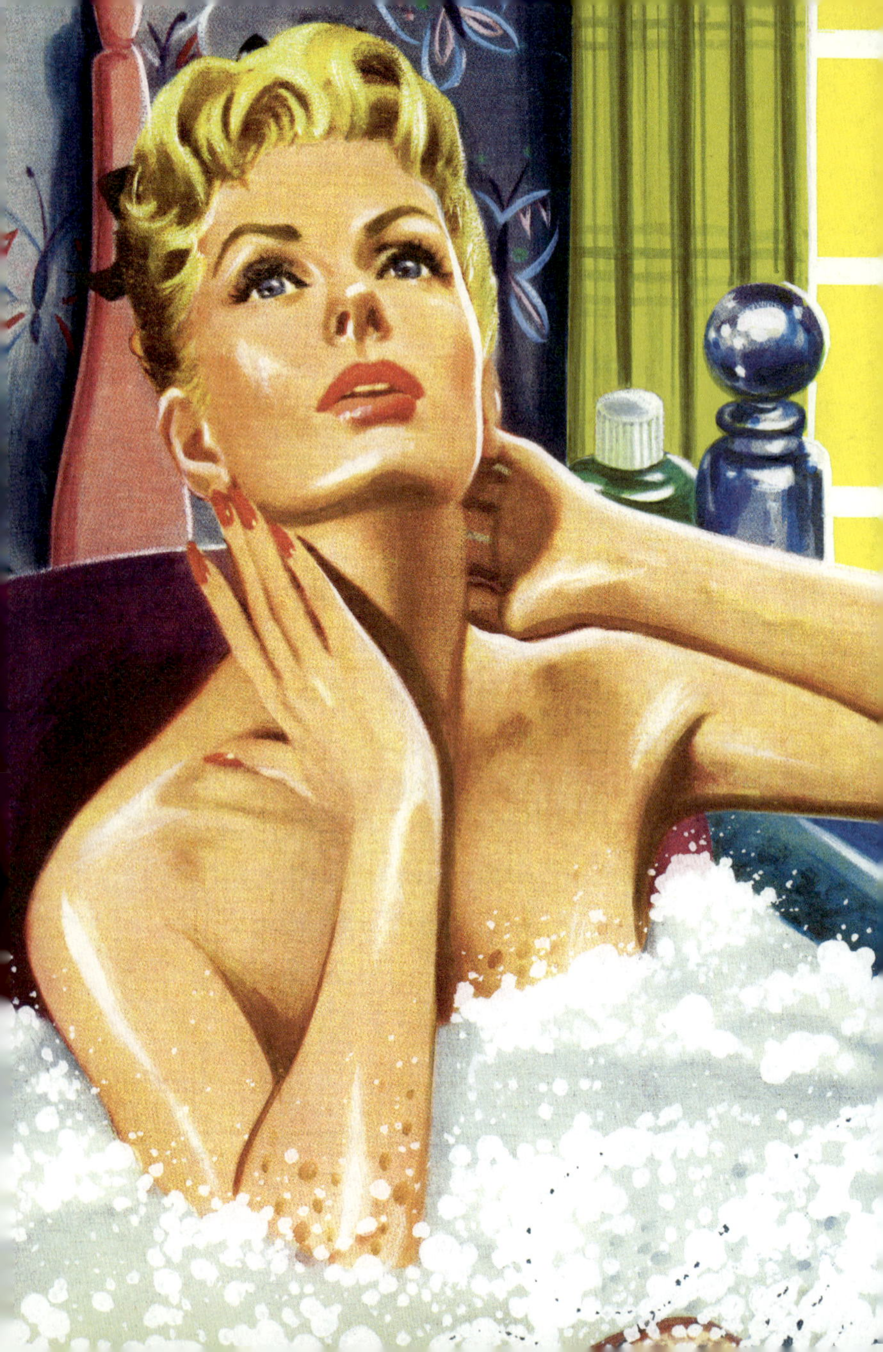

还剩下点什么呢？

自我成长 = 自我关怀？

市面上充斥着大量的文章、书籍和视频，教你如何照顾好自己、调整生活节奏、接受自己的过去，甚至是关照自己内心的那个"小孩"，读多了就会发现，似乎照顾自己就等同于有所成长，我们完全可以说，这两者在那些鸡汤式人生指南里几乎就是对等的。

这种对等乍一听上去很符合逻辑，实际上却很成问题，问题还不止一个：首先，为什么想要成长进步就一定得通过照顾自己的方式？反过来说，照顾好自己就一定意味着成长、改善和进步吗？

其次，为什么成长进步就一定是指自身的成长和进步，而不是他人的？在这种对"关怀"概念的热捧中，怎么见不到"他人"的影子呢？是的，个人成长励志学中有"个人"二字，但这个"个人"就必须只能关乎"我"这个"个人"，而和他人的"个人"毫无关系吗？

这便是宣扬"关怀"概念的个人成长学所呈现的矛盾之处：它所发展促进的，并不是个人的哲学思考能力或者心理学素质，因为这两者在本质上是具有利他倾向的，这就意味着，这种狭隘的励志学并没有促进任何东西，反而有所倒退。

自我关爱之弊

自我关怀现在已成为一种广泛共识。个人护理和美妆产业也是深谙此道：关爱自己，绽放个人光彩，做最好的自己，培养良好的自我感觉，并自信展现。听着虽然有点肤浅但也并非毫无意义，尤其大家都知道在时间紧或者压力大的时候，人总是容易疏于自我保养和照顾。可这些宣传无论听上去多么美好，多有说服力，引起了多广泛的共鸣，在我看来也有很多迷惑成分。

暂且不说其自我中心主义的一面与"关怀"这一哲学概念本身有多么格格不入，单单是它对美容的强调就足以说明问题：关爱自己，就是呵护肌体，言下之意就是：在别人面前得足够光鲜亮丽——这和真正的自我成长或自我实现可差得远了。

更重要的是，自我关爱总让人想起这样的画面：每个人都把"自我"想象成一个小婴儿，等待着别人照顾，躺在医院的担架或者病床上，妈妈在一旁爱抚着、呵护着。谁想要这样呀？谁想要每天自我诊断、自我疗愈、自我哺育，像母亲照料新生儿似的？

不得不承认：关爱自己首先就意味着把自己当成一个潜在的病人或者说……一个婴儿。

自我演绎

如果说作为一个概念、作为公平理论里的一个理念，关怀在今天仍有过人之处，我敢说一定不是因为单纯的"自我关爱"。从伦理学角度，自我关爱强调的都是和"关怀"不兼容的东西：它强调个人主义，它往往流于表面，尤其是，它总暗暗展现出一种病态或者幼稚的自我形象。

在我看来，这才是最糟糕的，也是"关爱自我"的狡诈之处：它只是在模仿一种脆弱、病娇的姿态，反而让真正需要关爱的人得不到关爱。如此，关爱被简化成了一种表面的姿态，被简化成了它的前三个字母[1]。

---

[1] 在法语中，"关爱"一词写作"soin"，其前三个字母为"soi"，也是法语中"自我"的意思。——译者注

18

"好好生活",到底是什么?

哲学与个人成功学里都爱提及的"好好生活",到底是什么意思?

听亚里士多德和斯宾诺莎谈谈好好生活?

平静地生活,幸福地生活,安宁地生活……不管人们怎么形容,中心思想都是同一个:好好生活。你一定也在生活中碰到过这个说法,甚至可能还用过,我自己就是其中一个。

还记得那是几年前,我在脸书(Facebook)上谈论斯宾诺莎的时候援引了这个说法。随即评论里有一个人嘲笑了我,认为我是在用励志成功学的方式滥用伟大哲学家的思想。

我当时非常愤慨。我?堕落到了和心灵鸡汤为伍?再说了,这又有什么问题吗,斯宾诺莎就不能帮助大家好好生活吗?为什么要神化这位《伦理学》的作者,或者反过来说,心灵鸡汤就该被大家看不起吗,凭什么?

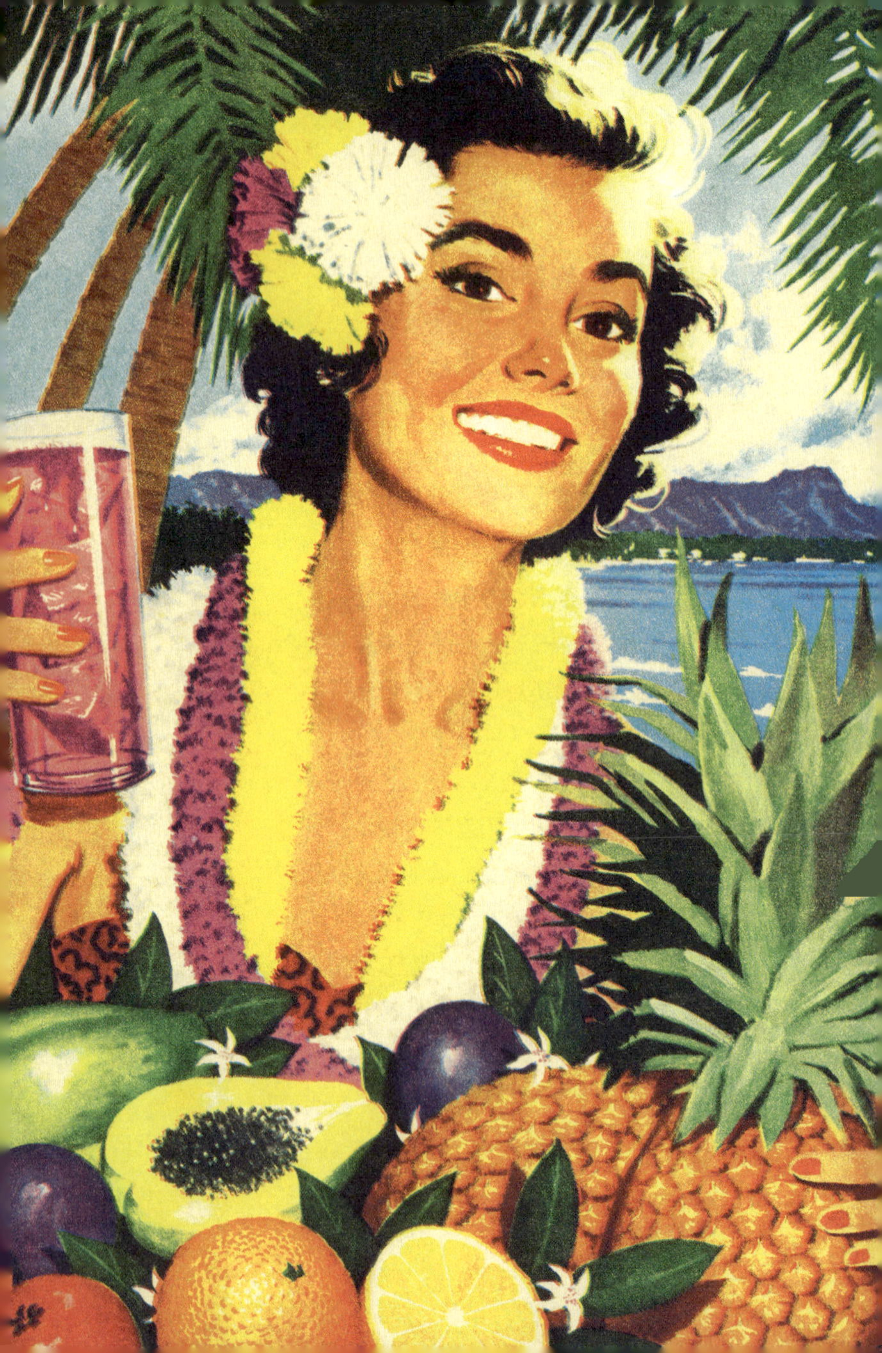

我很快纠正了这自视甚高的毛病,也想通了斯宾诺莎的问题,但始终没能解决一个更深层次的困惑,而这个困惑才是问题的关键:当我们谈论"好好生活"的时候,到底在谈论些什么呢?

我似乎从来没问过自己这个问题,好好生活……显而易见,就是好好地生活啊……但这里的"好"意味着什么呢?是指正直地活着吗,像斯宾诺莎或者笛卡尔宣扬的那般端正品行?那具体是依据什么样的准则呢?还是说,它暗合的其实是亚里士多德说的"善好生活",也就是每个人完美地完成了自己生而为人的责任义务(假设每个人破天荒地清楚自己是为何而生的话)? 抑或是说,"好好生活"指的是紧随康德为我们明确的几项绝对命令[1],活出崇高、活出道德?

扑朔迷离却一语中的

"好好生活"的内涵如此之广,表达又如此含糊不清,因此急需缩小一下理解范围。对于这一点,个人成长指南里的表述就非常清楚。在它们那里,你不会直接找到针对

---

[1] "绝对命令"(英文写作 categorical imperative),又译"定言命令"或"定言令式",是康德哲学体系中的重要概念,于 1785 年在《道德形而上学基础》一书里被提出。是对普遍道德规律和最高行为准则的一种表述。包括"定言令式"和"假言令式"两种,其基本准则为"除非愿意自己的格律准则变成一项普遍准则,否则不要依它而行动"。
——译者注

如何"好好生活"的建议，但可以找到类似于"如何好好应对人生变化""如何过好单身生活""如何打造蜗居生活""如何好好度过更年期"或者如何同时好好应对以上所有情况的建议。

换句话说，在这里，"好好生活"从一种非常抽象的道德约束无缝转换成了相当具体实用的日常好物评测推荐……也因此，"好好生活"谜团依旧：它到底指什么？

这个"好"到底是指恪守节操，还是遵纪守法，抑或是追求幸福？是集体的还是个人的？更别说"生活"一词了，它又具体指什么呢？吃饭？睡觉？恋爱？思考？是和他人的共同生活，还是日复一日的单调生活？"好好生活"和政治话术里老生常谈的"安居乐业"有什么关联吗？

每一次想要靠近、一探"好好生活"的究竟，它都反而溜得更远了。这句箴言一会儿太含糊，一会儿又很细致，但无一例外都很触动心弦、直击人心。矛盾的是，虽然这种鸡汤式的含糊其词、模棱两可经常遭到人们的抨击、嘲笑和批判，但"好好生活"这句话反倒让人备感真切。

好好生活，如披吾衣

一些人认为，"好好生活"的概念之所以讨人喜欢，恰是因为它的含义海纳百川，人们可以从中各取所需。有人把它当作宣传美满生活的标语，也有人把它当作一个咒语，隐含着人们对美好生活的追求。但这些解释是不是都太简单了?

除了这些飘忽不定的理解,我相信,"好好生活"这个概念有个特别之处,就是它很悦耳,听上去很"好"。没错,又是这个我们不知道该如何定义但又印象深刻的"好"。它不仅可以被理解为大写的"好",也就是正统道德意义上的好,更可以被理解为一种与道德内涵相比更短平快的"好",即一种安宁、舒适和美好。

好好生活,就像是穿着一件合身的衣服。它有一种贴身的意味,冷暖自知。它是一份放松舒适的承诺。也许这就是为什么我们即便找不到合适的词去形容它,内心却依旧深受触动吧。

19

要把人生活成一件艺术品吗?

谁会不想把自己的人生变成一件艺术品呢?

乍一听,似乎每个人都想把人生活得像一件精美艺术品(最好还能是一幅杰作)……但深思一番之后,我略表怀疑。

简单来说,把自己走路、呼吸、为人处世的方式等变成一幅画……在我看来堪称是与"生活"赤裸裸地对立。

再简单来说,一幅画在我眼里就是一切"活动"的对立面。画是凝固的瞬间,是在原地一动不动,被圈死在画框之中,无因无果,没有来路也没有归途。如艺术品般的人生,俨然一幅和谐自足、遗世独立、完整无缺的静物。

更雪上加霜的是,"画"意味着反思,意味着审视,意味着和自身的间离,它让我们以一种自我陶醉的眼光打量、凝视和欣赏自己。

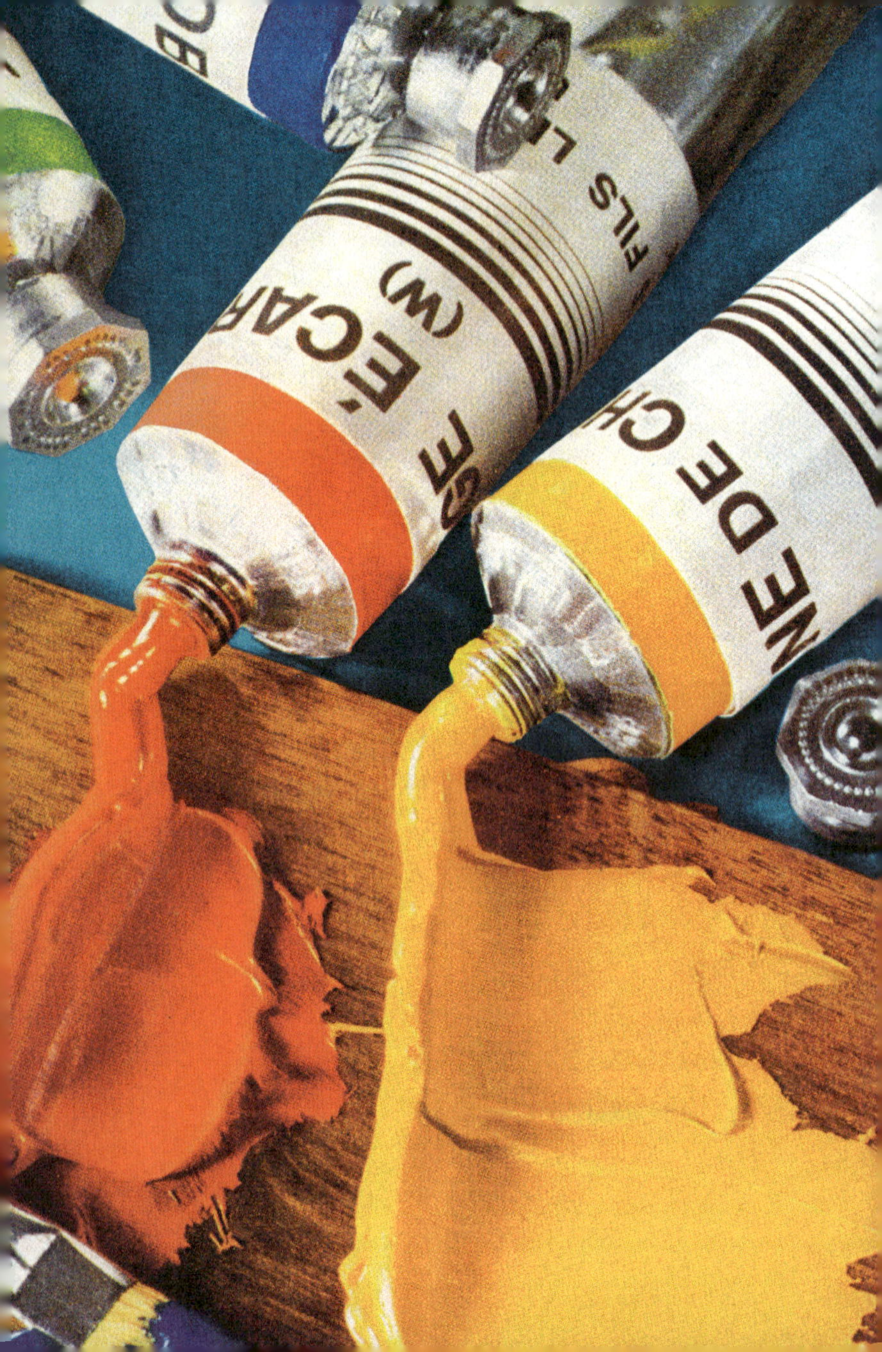

自恋与唯美主义

艺术领域的专家、艺术史学家或者哲学家大可举例驳斥我说画面中也有运动、有微妙的层次变化、有光影变幻，更重要的是，"画"是赋予存在一种具体的美的形式，也就是说让生活变得更美好了。

你也大可反驳我说自我反思不一定就是源于自恋或者自我中心主义，而是一种旨在自我考验、自我质询和自我提升的内在过程。

我对这些反对声都心知肚明：让自己的人生变得更美好精致、想要日臻完善……这有什么不好的呢？的确，可实际上的问题是：这有什么好的呢？为什么让人生更美好就是一个有意义的目标，或者说，一个值得万众垂涎的愿景呢？

做人生的书写者？

奇怪的是，个人成长指南似乎没能为"如何把人生变成一件艺术品"提供任何秘方，而是押宝在了一个几乎同等但更好理解的概念上——创造自己的生活。

你反而会在哲学家那里找到一些线索，比如，尼采一上来就提出了人人都可以"成为艺术家"。米歇尔·福柯则震惊于艺术居然只关心物品，决定着手发展一种人生美学。别忘了还有露·安德烈亚斯·莎乐美[1]。

和尼采与福柯不同的是，莎乐美认为"把人生变成艺术品"这句话不仅老旧过时，还堪称谬误。在《给弗洛伊德的公开信》[2]中，她便提出："不是我们创作了生活，而是生活造就了我们！"

人往往是在不知不觉中就掌握了关乎生活的各种技巧和知识，露·莎乐美据此宣称：我们不是生活的书写者。也正因为我们不是生活的作者，才催生了"把生活变成一件艺术品"这样的渴求：不顾一切地想要确保自己就是生活的作者。然而，和自我中心主义或者自命不凡不同，这个愿望实则反映了人类内心一种深深的不安感：被生活掌控的不安。

但为什么我们如此害怕被掌控呢？

重掌人生……不掌也成

活成艺术品，创造完整的生活，精雕细刻自己呼吸、走路、说话的方式……无论怎么形容这一切，中心思想都是想要重新掌控自己的生活……难道现在的人生是不受自己控制的吗？难道非得把人生过得美妙绝伦吗？

---

1 露·安德烈亚斯·莎乐美（Lou Andreas-Salomé，1861—1937），俄罗斯女心理分析家、作家。24岁发表小说处女作《为上帝而战》，一生中先后结识尼采、里尔克和弗洛伊德，并成为弗洛伊德的助手。——译者注

2 也译为《感谢您，弗洛伊德》，写于1931年。——译者注

有没有可能,不那么美地重执生活之桨呢?可不可以将就地活着,抑或是默默无闻地活着?有没有可能,就干脆不想重新掌控自己的生活呢?或者说,从一开始压根儿就不想执掌自己的人生呢?

这才是问题之关键:能不能不以"把人生占为己有"的心态去生活呢?

20

非得走出舒适圈吗？

你一定听说过"舒适圈"的说法，以及要求你从中"走出去"的谆谆告诫。

"走出舒适圈"如今成了"不要躺平吃老本"的新型表达法。

不要躺平

按理说，走出舒适圈看上去再简单不过了：只需先划定这个圈的范围，搞清楚它由什么构成，然后试图挣脱出来，继而向前迈进，提升自己。

精神很容易领会，但实践起来也这么容易吗？暂且不谈走出去难不难，因为这显然是最关键的一步，光是主动产生"走出去"的念头就挺难的了，而且，到底为何要走出去？

可以得见这个臭名昭著的"舒适圈"（当然，叫作"暂停域""休息区"或"惬意空间"也未尝不可）把我推入了一个相当迷惑不解的深渊。为什么要离开一个人人向往

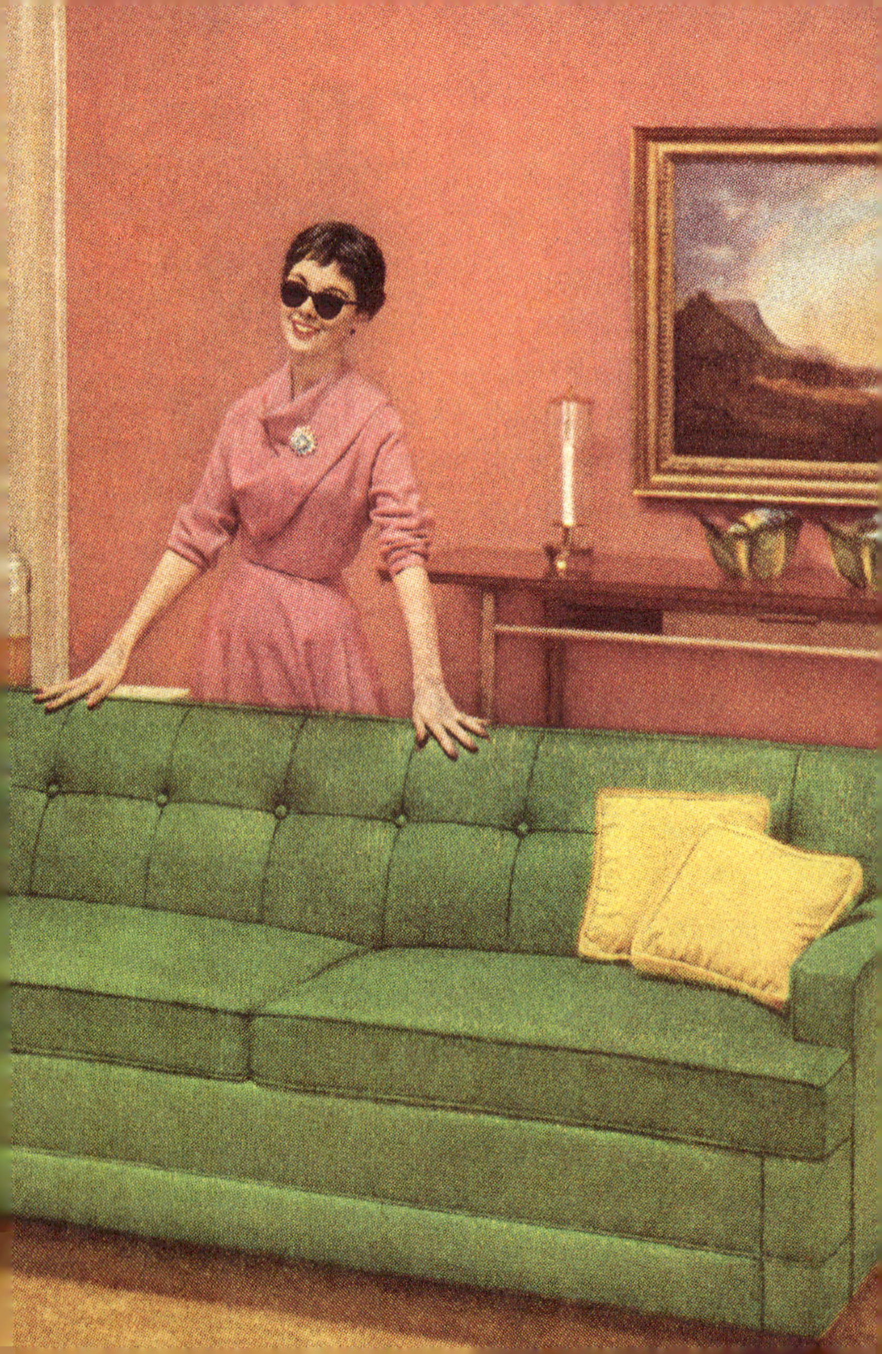

的舒适之地？为什么要从一个让人备感安全、平静和可靠的地方抽身而出呢？

问题便在于此：舒适圈的对立面，也就是困难、不适和动荡，到底有什么吸引人的地方？

风险值万金？

为了更好地分析"走出舒适圈"这一劝诫内含的问题性，首先应该阐明它所包含的一系列前提预设。

首先，舒适圈是平淡无奇、消极被动和裹足不前的代名词。

其次，走出舒适圈也就一定意味着走到它的反面，即变得积极、进步、乐于自我考验。

最后，容我给大家总结一下：待在舒适圈和走出舒适圈分别代表了停滞不前、不思进取和主动出击、锐意进取。

在这个已经烂大街的句子背后，隐藏着一种偏见：走出自己的舒适圈，就是主动选择了进步。

而且不仅仅是"好"的意义上的进步，例如从悲伤迈向快乐，从沙发挪到了健身房，这里的"进步"更意味着我们选择将自己置于险境，置于不自在的状态，也就是说选择了风险。"舒适"二字可不是白白写在那儿的：与舒适的风平浪静相反，不舒适意味着要发生点什么，且原则上，会是件好事儿。

但这种冒险就一定是进步的观念是从哪里来的呢？不

适,就算它意味着点什么,但一定就意味着大有裨益吗?就算有事发生了,但一定会是好事吗?

诚然,我知道这背后的猫腻:这不过是在病态地吹捧冒险的价值,是在暗地里洗白风险,将"痛苦不安"描摹为一种长久福利,是"不入虎穴焉得虎子""劳苦保健康"或者"吃得苦中苦方为人上人"这类略显狡猾的辩证法。

不过这一切都不影响它本身的矛盾性:到底是怎样的魔法,能通过降低生活水平、通过刻意营造动荡不安来达到改善生活的目的?到底是什么逻辑能让我们甘愿牺牲到手的、实实在在的安逸去追求遥远的、略有可能的"更上一层楼"呢?

勇于安逸

走出舒适圈这个概念其实揭示了"好"与"更好"之间的激烈角逐。

好,就是好。能更好当然更好。这种套套逻辑乍一看有点词不达意。但为什么会想要"更好"呢,甚至不惜先经历一遭"更糟"?这个"更好"真的值得这一遭"更糟"吗?

而这恰是问题所在:每当我们静下心来思考,就会发现那些不适很少会带给我们除不适以外的任何东西。那些不适和煎熬也极少会让我们产生"再来一遍"的冲动,并对自己说"这个苦吃得很值当哦"。

相反地,我反倒觉得待在舒适圈里需要很大的勇气,无论如何，舒适圈都需要我们用极大的努力去维护，要有充足的时间、资源和条件才能享受它，尤其还要抵御来自"更好"的诱惑。

什么时候，才会有人极力奉劝大家要不顾一切地待在舒适圈里呢？

21

要和解吗？

如果你像我一样喜欢读心灵鸡汤或者人生励志类文章，那么你很快也会像我一样感到百无聊赖。

因为它们无非以下几种：要么叫你接受挑战，走出舒适圈，面对自己的弱点；要么正相反，教你不要总是冲锋陷阵，要适时后退，弹性生活，接受现实……换句话说，和自己和解，和他人和解，接受自己的身体、自己的失败，坦然面对实现不了的理想以及生活的不公。

战争还是和平？

如果进一步研读相关主题的人生指南，你会发现一种巨大反差：人们想要和解的愿景是如此之强烈，而帮助实现和解的方法、建议、论述和例证是如此缺乏想象力和单一。

和他人和平相处，和自己和解，培植自我内心的平静……说法千篇一律，而中心思

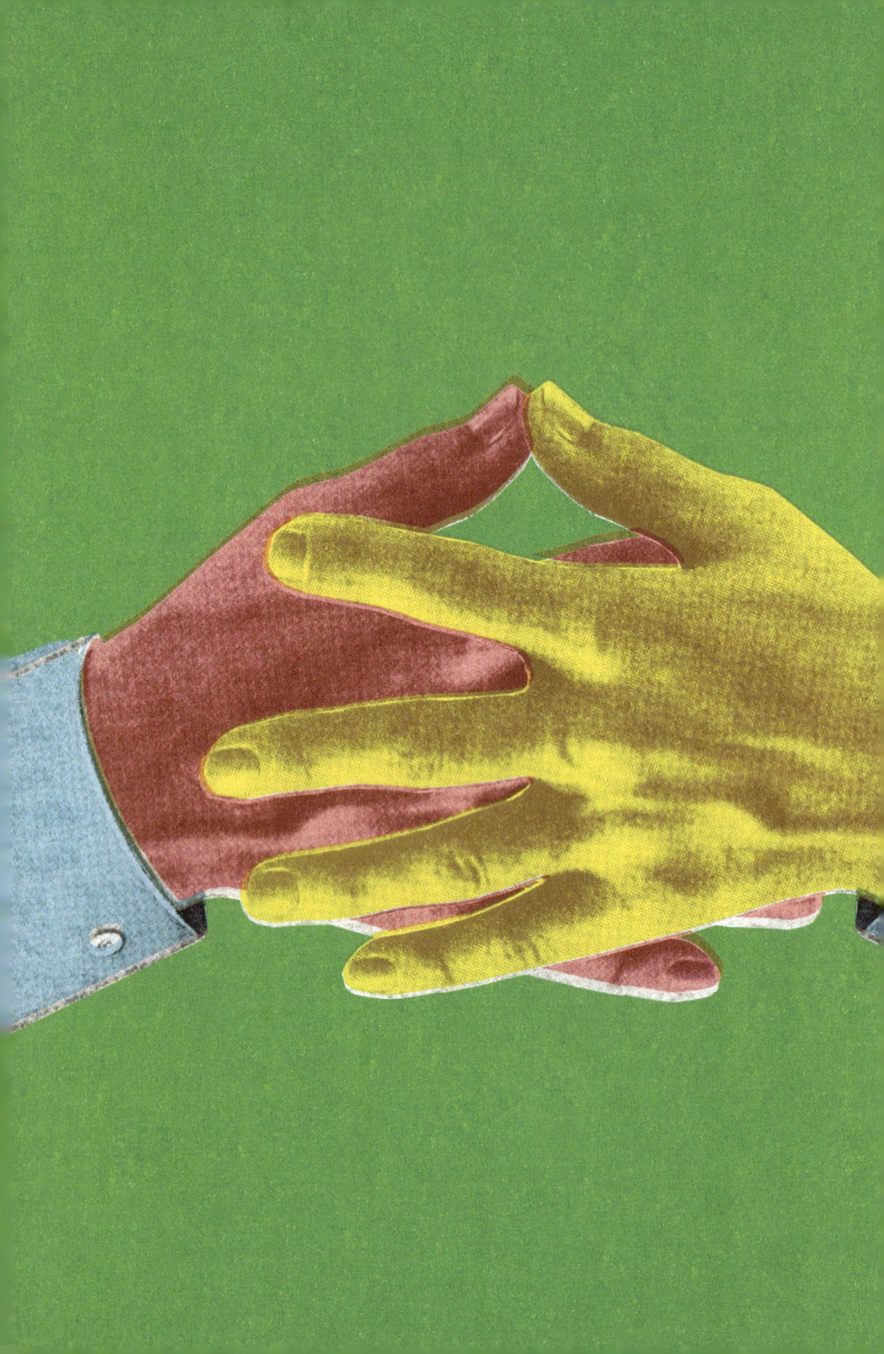

想无非是一个：千万不要发生冲突，不要惹是生非，尽量避免麻烦和障碍。

可这种只是在一味做减法（消减一切的阻碍、风浪或麻烦）的和平最后还能剩下点什么呢？这种通过否定所有与自身相对的东西——即一切冲突——而实现的和平究竟又能有何裨益呢？

骚动、疑窦与不安

和平当然不是什么唾手可得的东西，需要极大的勇气去争取，也需要不断奋斗才能守住。人生导师们都喜欢在我们周围划定一圈所谓的舒适区，它由各种关系交织而成：亲情、友情、同事情谊以及诸多日常琐事。而不得不说，这舒适区并不总是风平浪静。

这恰是和平所蕴含的矛盾（同样也是那些如此追求和自己或者同他人和平相处之人的矛盾）：和平其实是充满着骚动、疑窦和不安的。那些渴望和平的人往往误解了这份看似"平静"的和平。因为，出乎意料的是，和平并不意味着"一切安好"。

甚至我敢说，和平，其实是一种巨大的错觉，掩人耳目：有谁能够一锤定音地认为已经和自己达成了永久的和解，就像和自己签了个永久停战协议似的？又有谁能够保证自己可以毫无怨言地接受别人的一切？

每天早上光是起床就已无比艰辛，忍受自己身体的种种没少以煎熬收场,忍受别人的种种更不啻为一种试炼,甚至饮酒作乐的夜晚也常常报以隔日的一场大宿醉……

所以,怎么还能相信生活是非黑即白、悲喜分明的两相对立 —— 不是纯粹的战火喧天就是绝对的岁月静好?

和平……不平和

我们究竟想要什么样的安宁、太平或和解呢?这才是问题所在:当我们追求平静或和解的时候,我们希望得到内心的平静,希望生活岁月静好但又不至于一片死寂、一成不变……这真的可能吗?

就我个人而言,我挺喜欢一成不变,喜欢日常琐事和积习。窝在沙发上不会让我感到不安,更不会让我产生负罪感。

但这些都不是绝对的休息,这些时刻永远不会让我感到心如止水,相反地,我会被欢愉或者思考淹没。和平,或者说,这些看似平静、安逸的时刻,并不是完全平和的。可能听上去很难消化,但,凑合一下吧。

22

说真话

几个月前,一本心理学杂志,我就不提名字了,将一整期内容贡献给了这样一个主题:"彼此说真话",副标题是"越真诚,越亲密"。"说真话"的概念最近在成功励志学领域也很流行。但它到底是什么意思?并且,督促彼此"坦诚相待"真的有意义吗?

从福柯到心灵导师

在哲学界,谈到"说真话"就不得不提米歇尔·福柯。他在法兰西学院的系列讲座和其他诸多论著中,都着重地谈到了言语中的"真实"问题:从古代哲学的"助产术"概念(la Maïeutique,即苏格拉底的主观唯心主义辩论术)到基督教中的告解,从精雕细琢反复推敲一篇讲稿到说出事实的勇气。

鸡汤文学里也没少涉及这个话题,其相似性令人深感震惊:"说真话"是这种人生幸福教程里极其关键的一点。要有勇气去表

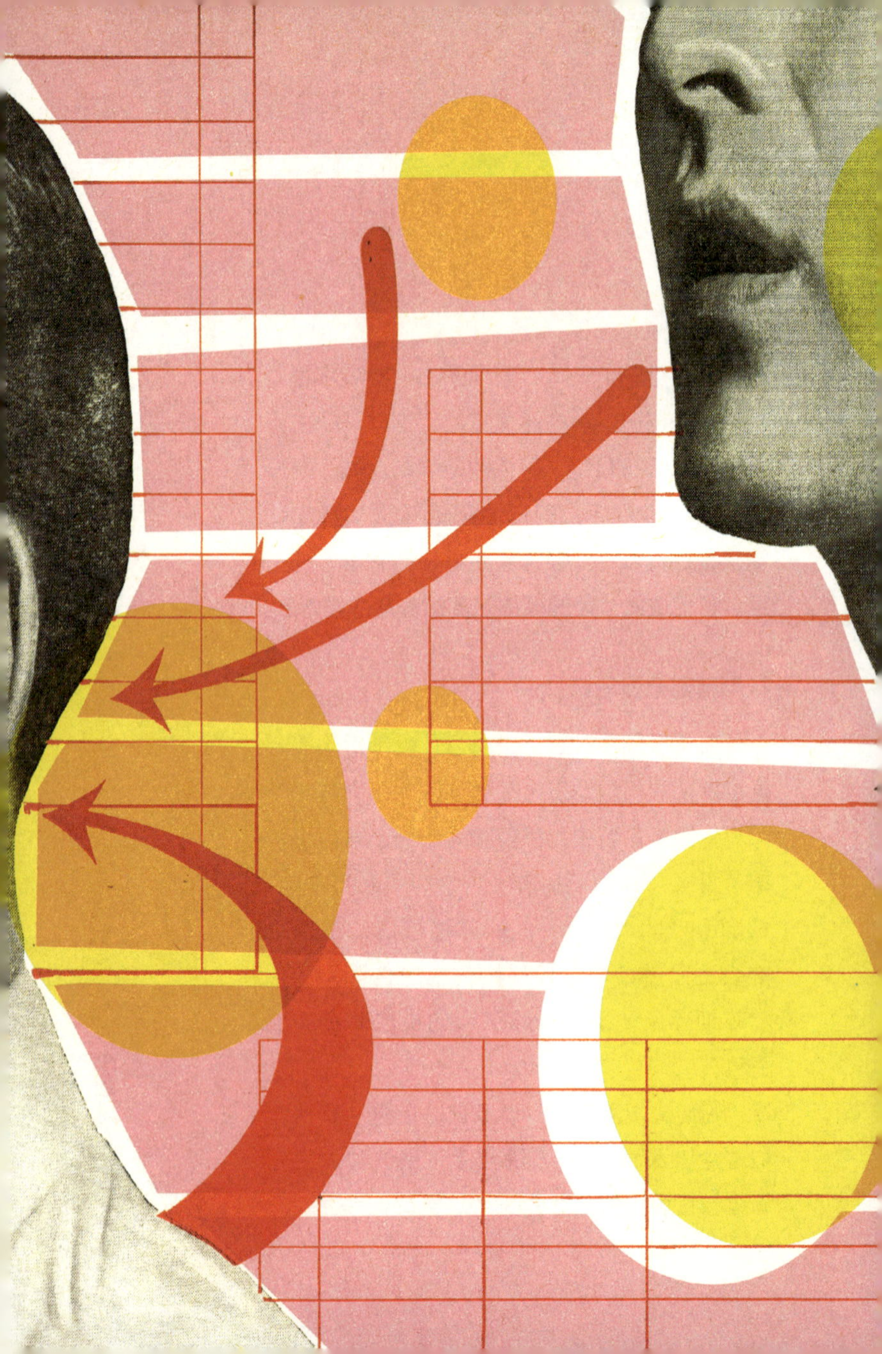

达，用细致谨慎的语言表达出自己的感受（又是这不厌其烦的"我感觉"），要有勇气毫不客气、直率坦诚地指出别人错误的观点，自己也要能够言行一致。以上就是这种逐步"鸡汤化"的哲学（或者说哲学化的"鸡汤"）的几大基本原则。

可惜的是，福柯也好，各种人生导师也好，始终没能让我彻底搞清楚"说真话"的真谛。"说真话"到底该怎么理解？

它到底指的是说的话中没有逻辑错误，还是指话语中没有撒谎的成分？一句话只要符合逻辑或者可被证实，就一定是真的吗？或者说，当我们自以为在说真话的时候，我们真能保证所说为实，句句为真？

更关键也更让我坐立不安的是：一再地鼓吹说真话，会不会反而造就了一种假装？在这一点上，我的思路频频受挫：彼此之间强调所言皆真，难道不是一种自我说服吗？难道不是一种天真的一厢情愿或者此地无银三百两吗？这会不会反而掩盖了真相或者问题的根本，尤其是，我们都心知肚明人不可能真的如实奉告一切？

"真相让人受伤"

你有没有尝试过直话直说，对自己，对朋友，要么是最糟糕的一种，对家人？

说到这儿，我脑海里浮现的不是揭露事实真相那般的直话直说，不是那种关于假新闻或者阴谋论的讨论，不是在公共辩论里找寻事实,更不是什么如实填写报税单。我想到的是那些你告诉自己你欠别人一个真相的时刻,那些关乎你的兄弟姐妹、你的伴侣、你的员工、你的客户以及你的朋友们的事情。

这些你欠别人一个真相的时刻,指的不是随便什么真相,而是会伤害到别人的真相,例如解雇的消息、气人的事实、对别人的评价、欺骗或者疏远的感觉……这些很难说出口的真相,这些会让别人感到被指责、被非议的真相,这些必须字斟句酌、小心说出口的真相。

在我们的思维中,说真话往往附带着伤害,好像越伤人就越真似的。或者说,就算不直接指天誓日,说话者也总试图营造出情真意切、言之凿凿的效果,可这一切造就了什么样的实际效果呢?

这才是问题的核心之处:在我的记忆中,每一个类似的谈话,都以失败告终,它们在我看来几乎都是没用的、错误的,误解连连且毫无意义。在之后的好几天里,我都会反复回想琢磨:我是不是说得不够全面?我是不是表达得不恰当?对方是不是没能理解我的意思?或者对方根本没听进去?

事后一番交流,我也发现,除了给自己和他人带来痛苦和不解,这种真话堪称毫无收效。随着直话直说变成一种标杆、一种紧箍咒式的口号,"真话"在我看来不过是包裹着激动情绪的一层外壳,说出来也揭示不了什么理智和意义。

谈天论地……但，别太彻底

当"真实"让人感到难受、言语又经常"无物"的时候，说真话到底还剩下点什么呢？所剩无几了，除了一种至少试图做了好人的感觉和一种自我安慰：自己活得很真实，也做出了和别人交流分享的努力。

但想要活得真实就必须得苛求"说真话"的氛围吗？可惜的是，我觉得"真实"并不等同于毫无顾忌地直言他人。言语之真实不是那种科学上的真理，不是那种靠精密仪器和实验设计发掘出的真相。

相反地，说真话中的"真"往往存在于不经意的瞬间，在谈天说地的闲聊之时自然而然地乍现。在没有刻意要揭示什么的时候，我们反而能更容易看清彼此。

23

疲惫的不赞之歌

大家是不是都受够了疲惫？各种睡眠问题，加上它的衍生品——日常疲劳，已成为热门得不能再热门的话题了，从书店橱窗摆满的相关书籍，到日常问候"还好吧"后面总跟着的那句"啊，我累死了"中可见一斑。更有甚者刚度假回来就又累了……

疲惫复疲惫，终有一日累觉不累？

疲惫似乎已经成了一种日常：每天疲倦无力地醒来，整日整日地消化不良，筋疲力尽地回到床上，连那些好心的助眠建议都显得无比烦人。每一天都蹉跎在了漫长的等待中，等待休息、等待午餐时间、等待下班后扑向沙发和床。

换句话说，没有哪一天我们不在自言自语或者和他人抱怨人生实在是太累了……诚然，疲惫不是现代社会独有的症状，它由来已久。但眼下，不疲惫似乎都不正常，只有疲惫才算得上日常的基调。尽管疲惫日复一

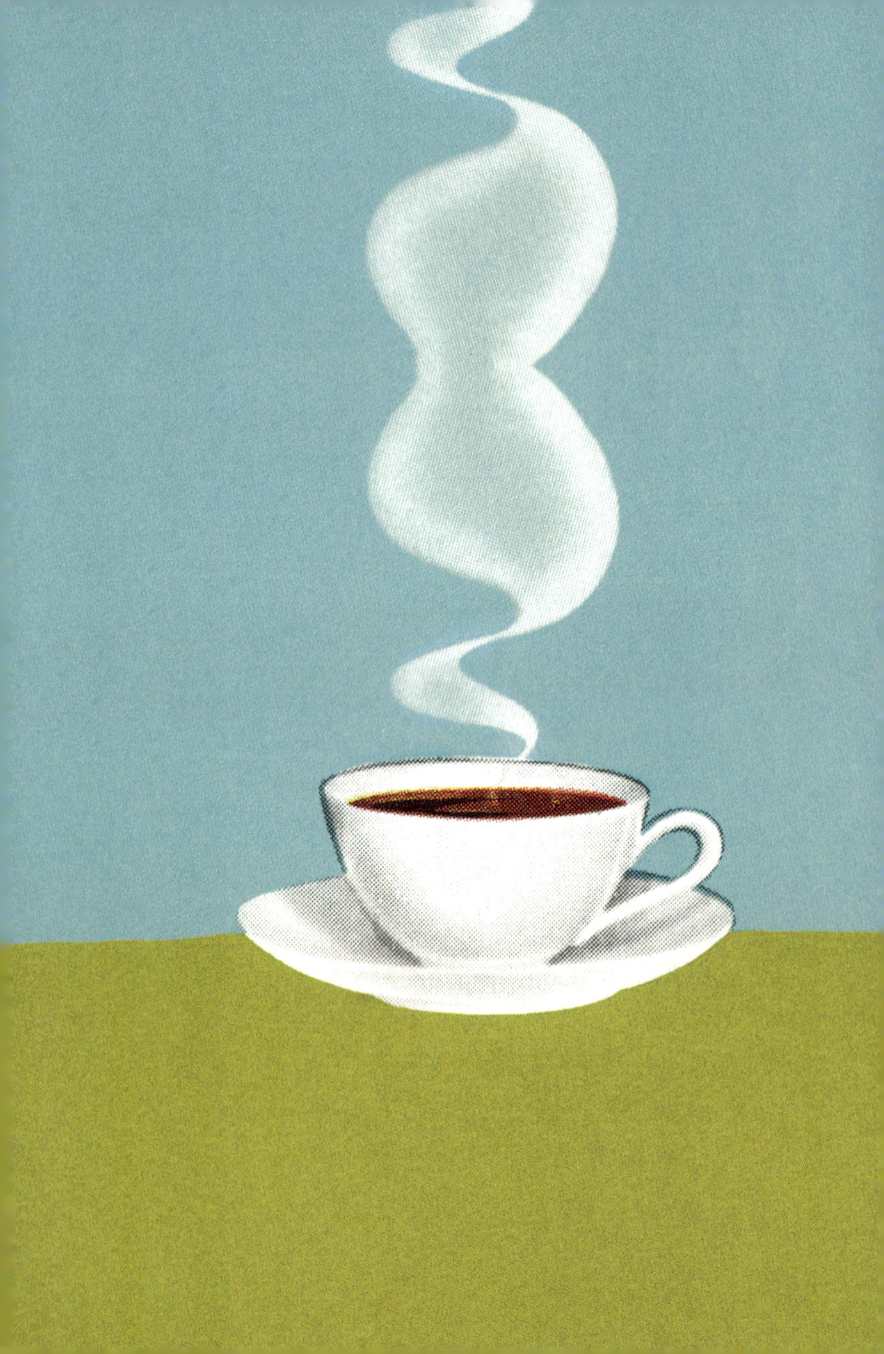

日地耗尽了我们，可它自己却无比蓬勃旺盛、生生不息。

这便是疲惫日常化之后的矛盾之处：倒不是说本该"凤毛麟角、奇货可居"的疲惫现在却落得稀松平常，人皆有之，而是它持续地繁衍，不断地自我生成，以至它导致的虚弱，都不足以反过来削弱它，甚至还维持了它的持续运作（想想那种让我们无法入睡的焦虑型疲惫）。

没想到吧，疲惫自己永不疲惫，面对此景此作，该做如何？真的要像各种抗疲惫指南所说的那样，和它殊死搏斗一番吗？

半梦半醒

问题在这里：为什么要和疲惫抗争呢，明明对方永远不知疲惫，永远伴你左右，永远笑到最后？为什么不把疲惫、失眠或者睡眠不足变成一种就算不至于令人沉醉，至少也算舒适惬意的事情呢？

1989年，悲观主义者兼深度失眠症患者埃米尔·齐奥朗说过这样一段话：

> 我所有的胡言乱语，连同我所有的异想天开都根植于这样一出悲剧。大约在20岁的时候，我睡不着了。我会在夜晚出门，大约凌晨一点的时候，在街上散步游荡……像一个幽灵一样。我一切的所思、所

想、所写,都萌生于那些夜晚。[1]

当然,不是每个人都能成为齐奥朗,但他说中了一点:疲惫将我们置于一种游魂般或微醺似的放空状态,这种状态本身似乎没什么可圈可点之处。可这种放任自流也带有一种欢欣,一种对身体的愉悦召唤,一种因疲惫而显出的柔和慵懒。

人们总是督促彼此好好睡觉,休息不好就很有负罪感,却没能真的找到让人放松休息的有效方法,导致如今连睡得好都变成了一种杰出技能或者一种成功。

如果可能的话,为什么不反过来呢?就算不刻意为疲惫唱一曲赞歌,因为唱赞歌本身也挺累人的,我们也至少可以试着在疲惫中找到一点快乐,享受享受这大可胡思乱想、胡言乱语的半梦半醒之时。

---

1 埃米尔·齐奥朗(Emil Cioran,1911—1995),《苦涩三段论》(*Syllogismes de l'amertume*,1952)。

是说，明知自己随时可以不干了，为何却不停下呢？

"终结"这一概念的最大问题在于，我们似乎被它困住了，我们不敢也不愿去让它提前到来。就好像终局就应该是被迫接受的，是一条永远在远方指引我们的终点线。可为什么，结局就非得是一个一步一步慢慢熬到的遥远目标，而不能是一个简单的瞬间、一次有益的中断、一个主动的暂停呢？

或许我们可以尝试甩掉这种对"大结局"的执念，在终局到来之前就早早解脱，如何？

人可不可以干脆就一劳永逸地说"停下，我受够了，我不干了"呢？

当然，我不是想说自杀或者玩失踪。我想到的不过是一些稀松平常的，还不至于让我们烦到想要诉诸极端方式的场景，那些我们大可简简单单抽身而出的场景。

诸如没完没了的会议和电话，漫无止境的小组讨论，又臭又长的电影，无聊的大排长队……我们为什么要留下呢？为什么选择等待呢？为什么不大声说出自己的不满呢？

即便我们逃不过"人皆有限"的最终命运，但又是什么迫使我们在当下的生活里和自己过不去，总是一而再地选择忍耐呢？

想要了结……但不行动

最大的迷思其实是：到底是什么促使我们坚持着，即便很多时候我们大可一走了之？（我可不是在说坚持读到此页的各位……）

是否正是"能离开"才让我们坚持了下来的？正如埃米尔·齐奥朗所说："如果不是因为想到随时可以自杀，我早就已经自杀了。"同样地，如果不是因为想到能够一走了之，我们是否早就甩手离开了？

齐奥朗的问题在于，他一直以来比较"戏精"，哪怕仅仅是在面包店里排个队，他也会说："要不是因为随时可以走，我根本不会站到队伍里来。"

想到"可以不干了"反倒不会让人们真的不干了，就在大家耽于上文这个有趣而矛盾的现象之时，真正应该讨论的悖论可能是："想甩手不干了"才是阻碍我们放手不干了的罪魁祸首。也就

THE
END

ÉPILOGUE

结语
假如，把一切暂停？

漫长的疫情、无止尽的开会、无意义的争执……生活中总有那么些情境会让我们灵魂发问：这一切什么时候才能终结？

谈谈"终结"

如果我是哲学家，我会告诉你们，我们早就"被"终结了。

首先，因为人都是要死的；其次，我们的智识，无论做何种努力，都是有限的；最后，世上总有一些事情我们无能为力（比如回到过去）。有限性理论就是让我们认识到：人皆有死、有限、有终，你们看着办吧。

因此，只剩下这样一个宏大的哲学问题：怎么办？如何面对这个永远威胁着我们的终结？其中一种"看着办吧"的办法便是逆向思维一下：如果，是由我们自己去主动结束一切呢？或者，动的走神方式。这种放任自流的"刷"中其实包含着一种积极的介入。甚至可以说,这种行为近似于卢梭在《孤独漫步者的遐想》中所描述的"遐想"(la rêverie):

> 我直挺挺地躺在船上,仰望天空,任小船随波荡漾,有时一连几个小时沉浸在千百个朦胧、甜美的遐想之中。遐想虽然没有明确、一贯的目标,照我看来却比所谓人生乐趣中最温馨的感受还要好上几百倍。[1]

卢梭如此精妙地描绘出了这种"出神的专注",这种不含目的性的专心致志。而今日,我们在屏幕前双眼放空时所体会到的,不正是这种快乐的走神吗?因此,花上一整个下午刷手机不是什么问题,相反地,这更是一种机遇,是"遐想"之趣……

---

[1] 本段出自卢梭《孤独漫步者的遐想》(Les Rêveries du promeneur solitaire,1782)中的"漫步之五"。译文节选自钱培鑫先生译本,译林出版社 2006 年出版。——译者注

专注 VS 走神

我必须坦白，就在写下这几行字的时候，我自己也"开小差"了。4 个小时的时间里，我在座位上换了 15 种姿势，调整了数次屏幕角度……更重要的是，至少打开了不下10 次推特、Instagram 和各种网页，从维基百科一路逛到 Zara 首页。

我就这么刷呀、刷呀，根本停不下来。很自然地，我会想到自己是不是有人们常说的那种"专注问题"。不过，到底什么才是这所谓的"专注问题"，是无法集中注意力于一处，还是相反地，太过集中注意力于一处了？

根据 2019 年的一项调查，每个欧洲人每天会在虚拟网络上"滑"上约 183 米！那么，我可以合理推断，大约每个欧洲人都和我一样有"专注问题"：专注于走神。

在刷手机这个案例里，矛盾之处不仅在于虚拟技术让我们得以"坐地日行百余米"，而是这严肃且投入地滑屏行为背后，竟如此完美地融合了"专注"和"走神"这两个状态。

放任自"流"

这是不是意味着存在一种"滑屏的艺术"，就像我们有时说懒惰也是一门艺术一般？这倒也大可不必。

但我们的确应该意识到，在屏幕上上下滑动并非一种被

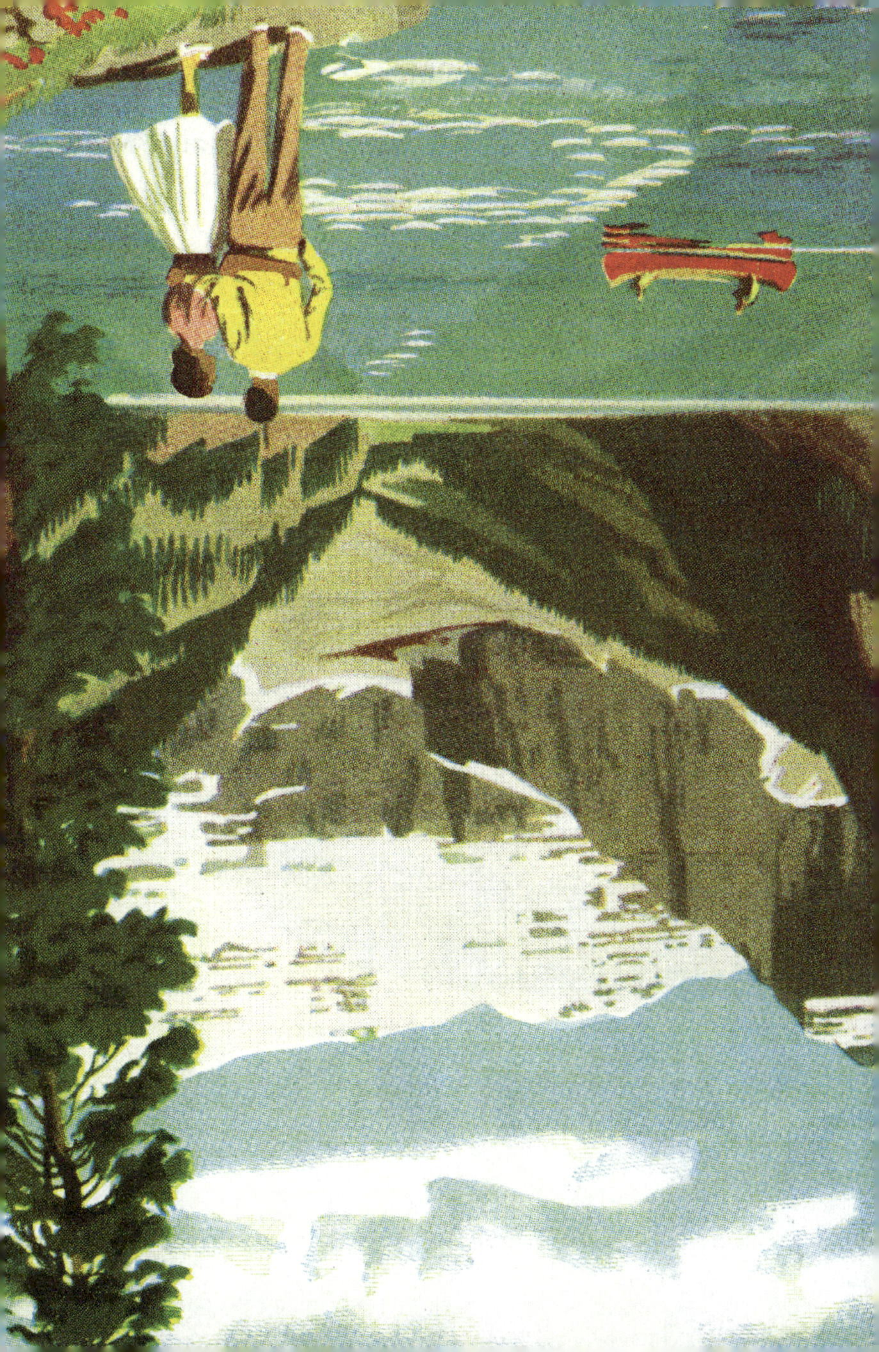

08

一个刷手机者的遐想

你是不是也有过花上一整个下午漫无止境地"刷"着手机或电脑的经历？

准确地说，你是不是也曾耗费整个下午的时间在眼皮底下不停地上下滑动手机屏幕，刷着朋友圈或别的什么社交网络，来来回回浏览各种网页却没有真的看进去，一心指望着什么好玩儿的东西自己蹦出来或单纯只是想逃避干正经事儿。

真的是科技进步才导致我们注意力如此涣散的吗？当然不是。每个时代都有各自的放空方式。即便是中世纪修道院的抄经僧侣，也会经常发呆，希望虚空中能有什么召唤他们一下，好暂时逃避那单调枯燥的工作。

无论在哪个时代，问题都是同一个：刷手机也好，发呆也好，人们为何总爱沉溺于这样或那样的走神活动呢？

时间评判他人、评价行为和评估形势，甚至以说三道四或评头论足为乐，那么，没了评判的世界会是什么样的？一个彼此之间只会微笑以待，或者确切地说，冷漠以待的世界？一个没有等级，或者说，没有价值区分的世界，会是什么样的？

问题其实并不出在"批判"本身，因为批判是不可或缺的。问题其实出在我们如何看待评判这一行为上。批判，不是法院里的一纸判书，它并不意味着什么终审裁决。

日常生活里的批判，无论是针对他人的还是针对自己的，大声说出的或者脑内自语的，都不是一锤定音的，它们不一定完全符合事实，但也不全是片面的。相反，它们每天都在变化、演变、摇摆。时而和缓，时而尖锐。

更重要的是，批判并非不留余地、不可逆转。它呼唤着更多元的来自他人的评价。停止批判或自我批判，实际上就是停止呼唤他人。因此，别放弃批判，甚至尽情地互相批判吧。

判呢？但这可能吗？而人们又真的希望如此吗？

判断力批判

"判断"是哲学中的一个核心概念：伊曼努尔·康德（Emmanuel Kant）曾为此贡献了其批判理论系列中的一整卷，即《判断力批判》（*La Critique de la faculté de juger*，1790）。如今，一说到"判断"一词，人们首先联想到的往往是一种恶习而不再是一种才干。当下的时代仿佛充斥着互相批评、互相攀比，人们不是在忙着批判这个谴责那个，就是在贴标签或互相贬损，有时还不惜自贬。

如果说"判断力"有什么罪过，那就是相比于拉近人们的距离——比如康德就曾谈到"审美判断"有利于"主体间性"，也就是说有利于人与人之间的沟通——个人主观的判断在当今社会似乎造成了更多的敌对，因此才会呼吁大家别再互相评头论足了，这很好理解。

可一旦停止互相评判，我们的关系中还能剩下些什么呢？那时，我们是不是既不可以对他人表示认同，也不可以表示不认同？更矛盾的是，批判"批判"难道不也是一种批判吗？批判到了登峰造极就是：快别互相批判了，因为人们批判说"批判"是不好的。

终审判决？

互相评判真的那么不好吗？试想一下。我们这么喜欢花

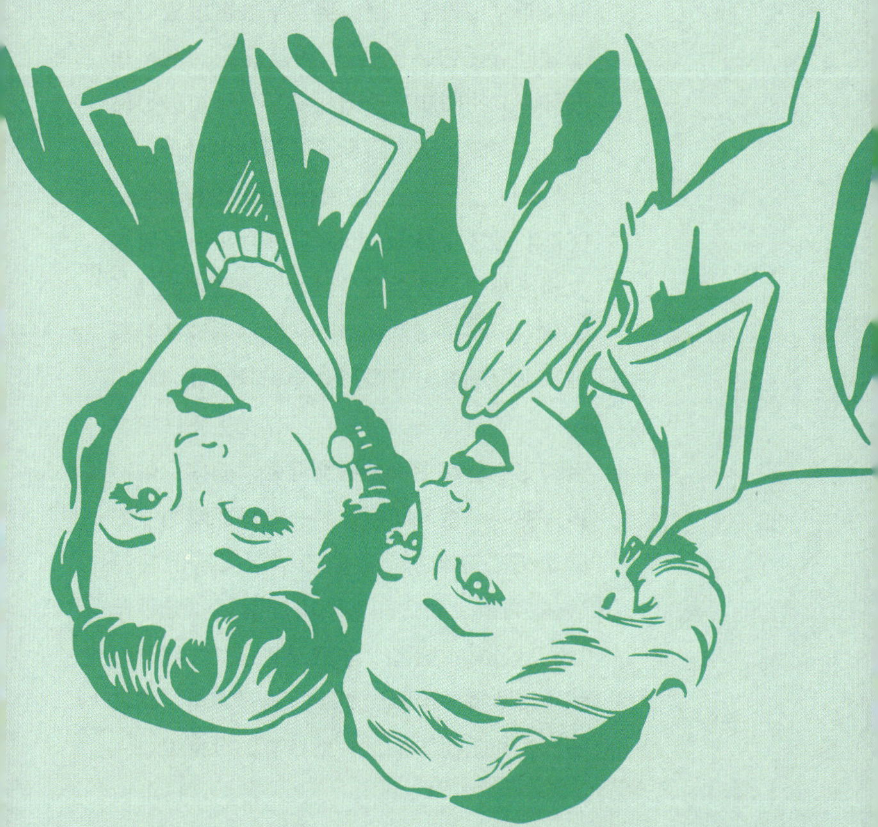

07

互相批判又何妨

在当今时代，有一件事情似乎成了众矢之的，那就是我们的消费热情。每逢隆重的商业活动，例如打折季、促销、"黑五"等，那些在商店里疯抢的人们总逃不掉被曝光、报道和指指点点的命运。好像在很多人看来，购物血拼是一种愚蠢的表现，而非一桩乐事。消费，多丢脸呀……不能寻点别的更单纯的乐子吗？

针对这种指责其实存在诸多驳斥方式：凭什么给快乐划分三六九等？按什么标准划分？谁来划分？凭什么散步就比购物更好？消费有什么好被质疑的？花钱怎么就让我们成为头脑简单的废物了？

可在如今提倡宽容相待的大潮之下，面对这些攻击，大部分回应采取的形式却是呼吁大家"不要互相指责"。于是乎，问题的核心不再是有人沉迷消费，而是有人批判他们沉迷消费。"评判"成了问题所在。因此，相比于停止消费，是不是更应该停止互相批

但慢跑裤就不是这么回事儿了：穿这样的衣服，就是选择不被支撑、不愿维护、不去维系什么表面，既不躲藏也不展示。套上慢跑裤，就是不去选定自己的样子以及自己可能成为的样子。这不是什么懒惰，这实际上是一种不定性。

而且，有什么比这种无所谓更让人感到宽慰的呢？有什么比享受这种无事一身轻的状态更让人安心的呢？纯粹、毫无动机也漫无目的，既不需要做样子也没有什么欲望。穿着慢跑裤简直太舒服了！很可惜，人终归还是得重整旗鼓，重新做回大众眼里的那个自己。

然而，也不知道是一番什么操作（但总归有个解释），慢跑裤反而变成了一个反面教材，一种让我们最大限度不活动的舒适衣着。穿慢跑裤慢慢变得让人瞧不上：这是人们周末时候套着无所事事的衣服。而那些平日里照常身穿慢跑裤的人，不是体育老师，就是一群懒懒散散、游手好闲的人，甚至常会被当作人生输家。

真是匪夷所思，一件衣服，布料如此适合活动，居然变成了"一动不动"的代名词，变成了懒散的象征，甚至还衍生出了放任自流、一事无成的意味……这不，我现在就穿着慢跑裤在镜子前进行形而上学式的自我批评：如果这层不像样子的布料如今成就了我人生的样子，是不是标志着我这个人已经变得很不像样了？

但说到底，为什么不呢？衣冠不整、放任自流就真的那么严重吗？如果一件衣服不再用于向世界展示我们，而只是包裹着我们，像茧一般拥着我们，不再是第二层灵魂，而是那第一层，也是唯一的那层完整自我，不好吗？

"不定"的舒适

服饰通常被认为是隔开自我与世界的一层铠甲，或者反过来，是连接自我和世界的一个桥梁，一种向世界呈现自己的方式。我们撑起一件衣服——这个我与世界的接触面——就如同衣服也在支撑着我们，它既遮蔽我们，同时也展现我们。

但还是得说明一下：这几条裤子都有口袋，腰部和裤脚处都有松紧收口，防止滑落或拖在地上，因此也常常感觉不到还穿着它们。最后，为了描述完整再补充一句：它们都是纯棉的，不是什么化纤材料。

关于这三条裤子已经再没什么可说的了……本来也就没什么可说的。不过，现在它们已经是我最忠实、最可靠的伙伴了（耐脏，沾上什么污点都能洗得掉，且不畏惧任何洗涤剂），几乎可以算作我的第二层肌肤，甚至可以说是第二层灵魂了。

尽管如此，每当我照镜子的时候，我都不禁自问：这衣服，虽然很流行吧，但穿起来真的像街头那些裤裆拖地的小年轻和小混混，现在怎么就摇身一变成我的最佳拍档了呢？

还有更糟的，这层软塌塌、灰蒙蒙、平平无奇、毫无亮点的布料，怎么就变成了我这个人的一部分，甚至变成了造就我的一个基础要素？这不成型的衣服怎么就变成了我生活的重要形态了？

此"慢跑"非彼慢跑

慢跑（jogging）本身是一种体育运动。如果你在网上搜索"jogging"这个词，首先遇上的会是与跑步相关的内容。我们只是运用了借喻的手法才把跑步时穿的衣服统一叫作"jogging"。因此，慢跑裤在本质上是一种旨在优化我们运动体验、方便我们最大限度地活动肢体的舒适服饰。

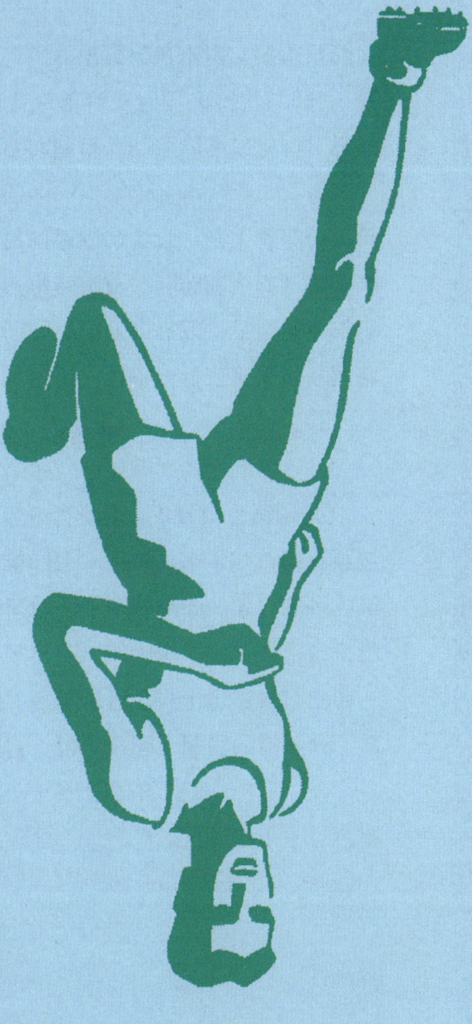

06

为我的慢跑裤辩护

疫情期间，一些人发掘了自己的新爱好：慢跑——这项运动。

我也是，我也挖掘了自己的新爱好：慢跑——裤。尽管这种卫裤平平无奇，不值一提，没什么设计，也不很优雅，却已经在我的生活中占据了无比重要的一席，超越了我的手机、我的床、网飞（Netflix）以及逛街购物，甚至在某种程度上超越了我的家人。

"无才无德"慢跑裤

自疫情以来，我就靠着三条慢跑裤浑噩度日。它们的特色之处就在于它们毫无特色可言：从深灰到浅灰，颜色既不鲜亮也不细腻，没有任何显眼的装饰，既无彩色条纹也无品牌标识……

且与其他同类型的运动服饰不同，它们不像是为了方便某一种运动而设计的。（更过分的是，这些慢跑裤似乎根本没想过要为运动而生……）

也不会被限制。因此，我斗胆假设：算上我打破的那些自我设置的条条框框，我是不是比一些法外之徒还要出格？我的人生是不是也比我以为的要更冒险一些？

更深吗？……

福柯在其《言论与写作集》中曾宣称：

> 僭越不包括任何否定的东西……也不能因此就想当然地认定，这种确认一定会包含着某些肯定的东西，因为根据僭越的定义，没有任何界限可以约束僭越，也没有任何内容可以绑定它。[1]

若根据福柯所说，越界的问题并不出在越界这种行为本身，而是我们对于"越界行为"保有的刻板印象。它们往往被描摹为令人震惊或耸人听闻的，甚至还时不时地被理想化，导致"越界"身上被绑定了一系列固定表现手法或者美学意义，受制于各种陈见和滥调。

也因此，那些日常的小小越界，那些私人的、无伤大雅的出格则至少有一个优势：它们永远不会被泛化，不会落入窠臼，不会像讽刺漫画里那样被歪曲嘲笑，不会被程式化，

---

1 "越界"也称"僭越"，这一概念最初是由法国当代哲学家福柯在《越界序言》（"Préface à la transgression"）一文中提出的。该文章最早在 1963 年发表于法国《批评》（Critique）杂志，是为了向当时刚刚过世的哲学家乔治·巴塔耶（Georges Bataille）致敬而写。而本书作者提到的《言论与写作集》（Dits et écrits）则是法国伽利马出版社（Éditions Gallimard）为纪念福柯而编纂的一套丛书，该丛书收录了福柯发表于 1954—1988 年的所有文章，其中就包括了这篇发表于 1963 年《批评》杂志的《越界序言》。——译者注

越界，但无伤大雅

与那些通常意义上的越界行为相比，我不得不承认，我的人生简直平淡得像一杯白开水。但我也不是刻意为之，我也想有冒险精神，但光是想到其中的危险之处就已经让我感到心累了。更重要的是，一想到还要去说服别人或者努力说服自己去打破那些界限，我就更觉筋疲力尽了。

但这是否意味着我就和越界无缘了呢？非也。在我看来，我的出格之处，与我同时代的大部分人一样，只是更加微妙而已。仔细想想，有多少我们自己强加给自己的条条框框，最后都被我们打破了？例如，不要晚于几点睡觉，每隔两天去运动一次，不要连天喝酒……

打破这些规矩完全不违法，也没什么罪恶的，当然，也根本不会推动世界的进步。世界上诸如此类的小小越界比比皆是，它们盘旋在我们周围，时刻威胁着我们。有的时候，不过是多喝了一杯酒，多看了一集电视剧，我们自己的小世界就仿佛突然岌岌可危了……

越界，且不落窠臼

人各有其规，虽然有的规则看上去挺可笑，且就算打破了也没什么严重的。然而，如果我们严肃以待，这些微小的出格，尽管在法律眼里不值一提，但从个人道德准则或者日常生活的角度出发，难道不比重大的社会事件对我们的影响

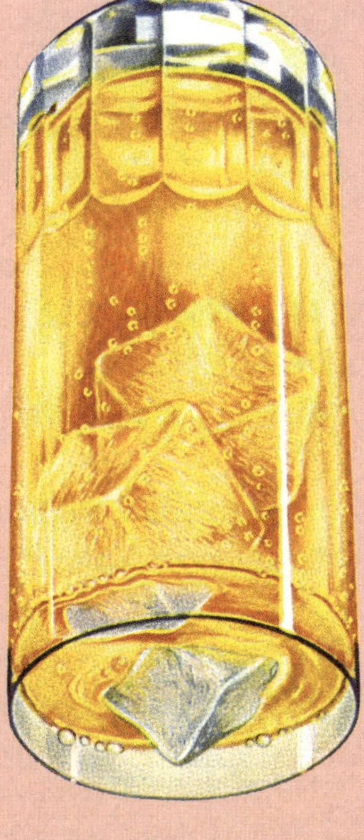

05

致我们的小小越界

前段时间，我碰巧读到一本杂志，其封面上写着"为什么越界让世界进步？"。我猜整本杂志的目的，不是集中论证越界会不会让世界进步（因为大家都看得出封面看似提问实则是肯定），而是揭示越界如何让世界进步。

一提到"僭越"这个概念——也就是"跨越界线"——我们会不约而同地想到某些事情，例如吸毒、醉酒、拒绝纳税或者藏在行李箱里越狱。

我们脑子里对于越界行为有着几近统一的刻画：性、毒品、不雅举止、违法行为。也正因此，越界反而变得没那么出乎意料了，毫无新意不说甚至略显因循守旧。

很多越界出格的行为不仅被广泛地认知和接纳，有时候甚至都显得必不可少，就像那本杂志说的一样，它可以推动世界的进步。越界，到最后倒是显得没什么侵犯性了……

闲聊的力量

诸如此类的批判没能纳入考量的是，这些闲聊，这些东拉西扯，这些所谓的 small talks 给予人的快乐：它们是这个世界上，也是职场上极少数的堪称毫无产出的事情……也正是这个简简单单的原因，让我们如此怀念它们。

正因为有了这些办公室的闲聊，工作不再单纯是一件功利的、有效用的，以产出换回报的事情：它变成了一种环境，一个居所，一种氛围，一种我们以为平平无奇但润物无声的背景。没有了闲聊，工作大可完全退居线上，变成单纯的执行任务，互通有无，退化成一种只注重产出和有效交流的机械互动，失去了所有的"非生产性"。

这也是为什么胡侃闲聊、说说废话这么重要，因为它揭示了一个惊人的事实：非生产性活动是多么的有力量。

日常闲聊的问题[1]，又比如泰奥弗拉斯特[2]也提到过"空话家"（diseurs de rien）的概念，普鲁塔克[3]甚至特地撰文一篇进行批判。

他们的批判都有理有据。首先他们抨击这些"空话家"们对所言之物往往充耳不闻，既不注意倾听交流对象说了些什么，也不关心对话的真正主题是什么。

接着，他们指控这些闲聊往往制造了一种分离，割裂了交流的形式和交流的内容，认为这些闲聊不过都是些毫无内容和深度的说长道短。

最后，指控之三，这些闲聊罪在毫无建树：不通向真理，甚至都算不上一种真正意义上的交流。

总结一下就是，要么言之有物，不然就闭嘴。

但人类究竟是对言语下了什么样的定义，才让我们做此感想的？为什么说话就必须有内容呢？这种闲聊、讨论或者八卦式的交流，就必须得像做生意一般，有所产出然后运输送达吗？不然就毫无意义了吗？

1　参见：马丁·海德格尔，《存在与时间》（1927）。

2　泰奥弗拉斯特（Theophrastus，约前371—约前287），古希腊哲学家，发展了亚里士多德的学说，成为逍遥学派的代表人物。——译者注

3　普鲁塔克（Plutarchus，约46—125），古希腊作家，生活于罗马时代，代表作品为《比较列传》，法国古典作家蒙田对他的作品推崇备至。——译者注

我们备感怀念的东西，这些发生在职场但并非工作本身的事儿。

尤其不要忘了一件常发生在办公楼走道里的不可替代之事：路遇各个部门的同事，并闲聊几句有的没的。这些三言两语，这些寒暄（small talks），这些没什么内容的东拉西扯，伴着一副若无其事的样子，真是既耗费精力又让人欲罢不能。

它们还有个显著特点，就是都来得不很凑巧：在你有点急事要处理、快迟到了或者某件事情即将扫尾的时候，总会有一个人冒出来和你大谈特谈自己的劳累、外面天气多好或者职场遭遇的不公。这种时候你往往也很难抽身，倒不一定是因为说话的对象多缠人，多半是你自己也很享受这种简单闲聊的快乐。

所以，这些闲聊无不揭示了一种矛盾：它们看似平淡无奇且毫无意义，但我们却很乐意花时间去滋养维系，并且乐在其中。为什么我们会偏爱这项毫无产出的活动呢？为何那些无聊之事我们却常常聊得不亦乐乎呢？我们怎么就这么喜欢喋喋不休呢？

言之无物

闲聊堪称是"言之无物"的典型例证。

哲学家们也没少对此发表意见。比如海德格尔就谈到过

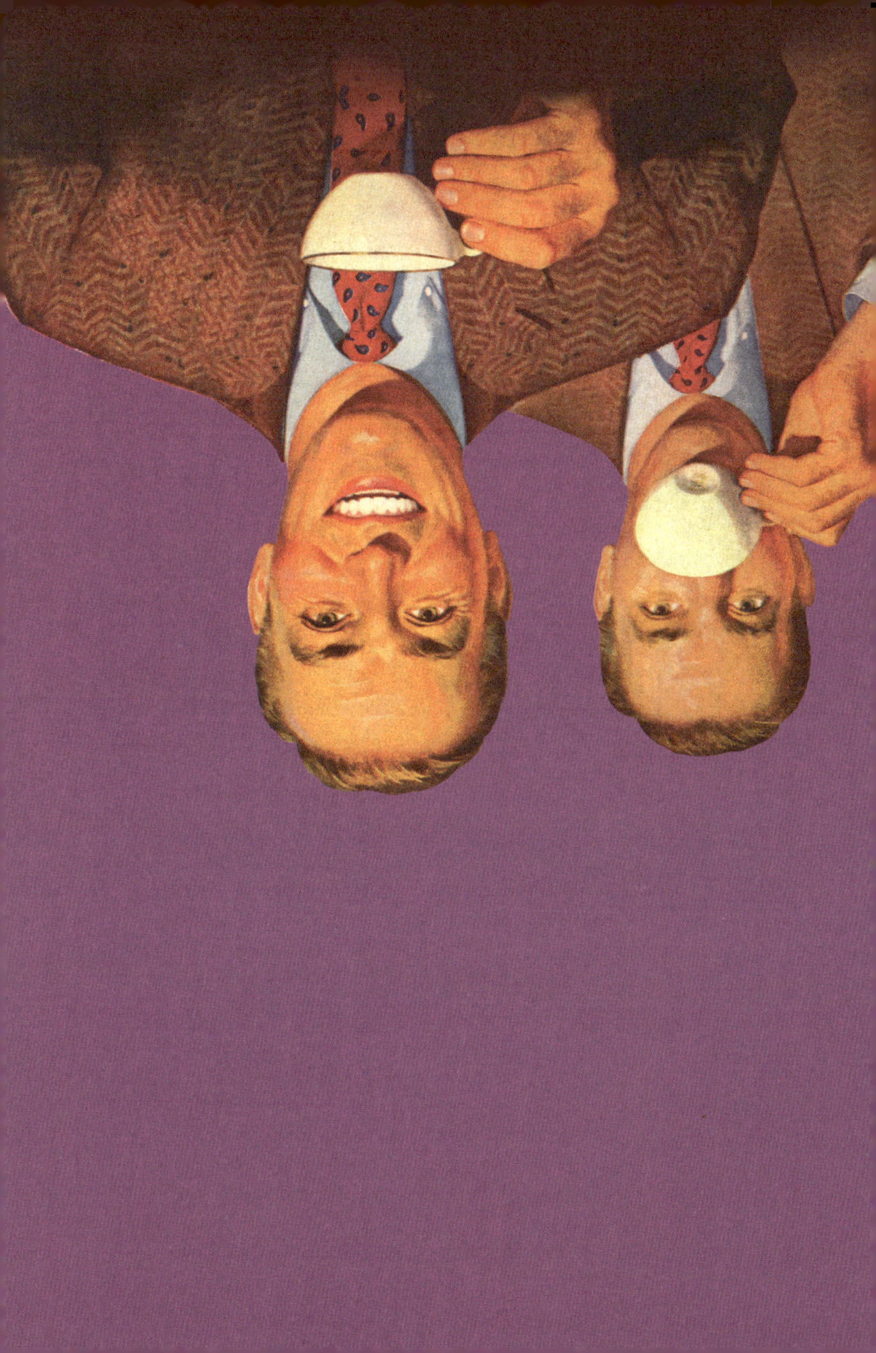

04

办公室里的茶话会

自疫情以来，远程工作逐渐变成了一种常态。

一些人视之为一大进步：终于可以摆脱无意义的职场社交，能随心所欲地安排时间，不用遵循严格的时间表或者玩命赶公交了。

另一些人则感到怅然若失，虽然每个人缺失的东西不尽相同。对于我来说，我怀念的不是工作本身（毕竟就算是远程，工作还是照常进行），我怀念的是"上班"这个事实。我怀念的是同事们，是办公室的氛围，尤其是那种背景音——周围人们的窃窃私语，走道里的闲聊声，等等。

为什么工作让我们怀念的，不是我们在那里做了什么，而是那里发生了什么？

不是工作，胜似工作

会议、咖啡时间、办公室的氛围、食堂、公共厕所、围绕在身边的同事们、左一句的八卦右一句的抱怨……这才是工作里让

就仿佛呵护自己不用费吹灰之力、这一副精心修饰的样子其实不加修饰似的。表面可以秀色可餐，背地里愉悦地挤痘痘、拔毛、去疤就很不堪，就好像光鲜亮丽的背后就不能（除非心怀愧疚地）数数自己的白发或挤挤皮肤欣赏那一圈圈的橘皮组织似的。

我们都渴望完美的躯体，以便更好地忘记它，好不再时刻挂念它、修复它。也许，修护恰是在以一种肮脏、残酷但有益的方式提醒我们，我们的身体其实并不完美。

为什么人们会为鼻子上的一颗痘痘感到窘迫不安呢？关于身体的这些潜在成规不值得好好探讨一下吗？

青春痘其实开启了一场非常有意思的哲学体验。它涉及诸多重要的问题论，例如表象和它的规范，例如这种用粗暴的手段达到修护目的的矛盾，例如脸如何成了自我和他者的分界面，又例如自我与肮脏或净化之间的关系，以及最后，为何一些看似微不足道的小事却被弄得像严重的个人危机……

一个青春痘仿佛是暴露了"身体"和"自我"之间的一种失衡：脸上长痘痘似乎意味着一场不堪的身体的背叛，是放任自流的烙印，是缺乏自律的表现。和月经、体重、体毛一样，痘痘似乎泄露出了身体内不受我们控制的不洁之处。

然而，矛盾的是，那些旨在帮助我们身体变得更加光滑、洁净和柔软的"坏"习惯也不该暴露在外，就好像追求纯洁也是某种动机不洁似的……

日常修护

与其说是矛盾，不如说是过分：居然觉得真正的洁净应该是不加净化的……多虚伪啊！

就好像包裹我们的肉身在交给我们的时候就已经完美如斯了，不需要任何的修改或做任何多余的努力，就好像脸、身体、毛发和肌肤的洁净只能是一个既定事实，而不能是一项工程。

讨论总是会引起分歧：一些人会希望闭口不谈，试图掩盖这个众人一览无余的、在脸中央耀武扬威的痘痘；而另一些人，则会很开心，终于可以口无遮拦地大谈特谈挤痘痘的艺术，并忙不迭地回忆起各种恶心场面，就好像那是最美好的人生记忆似的。

当然，以此为乐的人毕竟还是少数。在一次家庭聚餐正酣之际，我无意间提及此事，一众亲朋好友面露难色，表示恶心不已。我立马心领神会地打住了话头，暂不思考这不容忽视的蹂躏皮肤之乐。

但到底为什么呢？为什么大家都对此一副避之不及的样子，而媒体、书籍和我们的日常谈话里却充斥着各类美容护肤的话题？要美容护肤，但其过程中的种种烦琐和龃龉，却不该暴露在光天化日之下，不能公开探讨。

诚然，挤痘痘是一件很私密的活动，且有那么点残忍和粗鲁。但美容护肤这件事怎么就变得如此之双标了呢？美容护肤，若只是当个生活理念、只在脑子里想想，就是值得称赞的美事一桩，可一旦涉及保养修护的具体手段，怎么就突然变得不堪入目乃至于罪恶难当了呢？

假装"纯洁"

谈论诸如此类写在脸上的身体变化时人们表现出的羞耻感，甚至可以说嫌恶感是从哪里来的呢？为什么要对这些照顾、呵护身体的正常手段以及展现它们的方式遮遮掩掩呢？

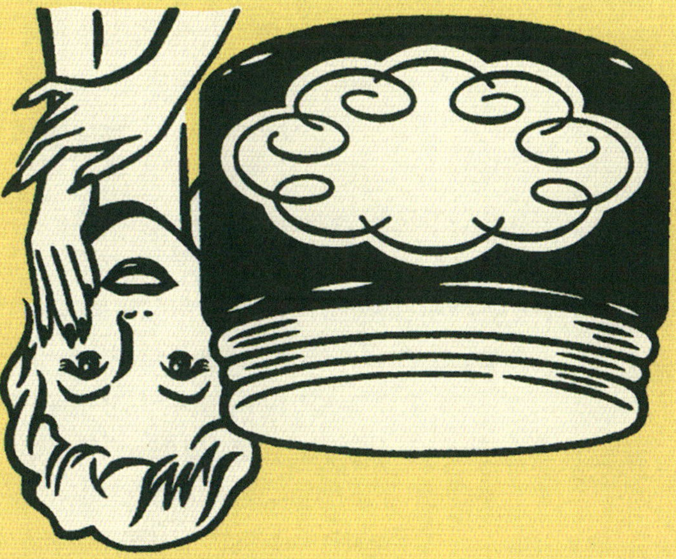

03

挤爆青春痘

这个世界上有一些隐秘的小乐趣，略显罪恶但流传甚广。挤痘痘就是其中一个。

我很清楚我白纸黑字地写下了一件让人大倒胃口的事情，甚至可能让你有一种立马合上书的冲动。不过，好奇心会让你留下的，因为我会告诉你，这个行为背后蕴含着一种无法比拟……但又不可告人的快乐。

那么问题来了，为什么不愿在大庭广众之下暴露自己私下里愉快挤爆的东西呢？

一事两面

从青少年时期，我就培养出了这种针对青春痘的独特爱好。是的，这些凸起物让我很着迷。虽然随着年龄增长，我的荷尔蒙已不可否认地稳如磐石了，但时不时冒出的一两颗痘痘仍让我心绪矛盾，一边担心着毁容的风险，一边又暗地里期待不久之后挤爆它们时的快感。

像"挤痘痘"这样的两面性事件，当众

我们得以撑得下去，不至于被自己的不幸和委屈压垮，用怨言纾解郁闷，相伴走过不顺吗？

如果没有这些抱怨，没有这些有感而发的牢骚伴随我们一同度过日常生活里的劳碌，没有这些看似耗人的无病呻吟去发泄不满，我们是不是连抬起头面对困难都做不到了呢？

一切由你选择：在沉默中灭亡或在抱怨里重生。

绪而已的日常嘟囔呢？

这些抱怨难道都是无病呻吟吗？这些取之不竭的怨天尤人除了让人精疲力竭之外就真的一无是处了吗？

不抱怨，毋宁死

这一切都不免让人感觉诸如此类的抱怨是没有任何价值和意义的，既于事无补也难以静心安神。

没错，这些抱怨诉苦多多少少为我们的日常生活增添了些律动，但似乎净是些阴郁的节奏，无一不是在用不满的情绪看待周遭事物，将一切都淹没在铺天盖地、令人窒息的叫苦连天中。

苏格拉底在被雅典城邦法庭判处死刑的时候，曾这样对法官说：

> 今天我被判死刑，死在了不愿给予你们——在座的各位法官——最乐意听到的东西，那就是我的呻吟和抱怨。[1]

死于不愿让别人得偿所愿地看到自己呼天抢地、叫苦连连……观点很新颖，但说到底，不就是这样的吗？

抱怨的意义，难道不就是让我们的心声得以被听见，让

---

1 柏拉图，《苏格拉底的申辩》（*Apologie de Socrate*），38d-e。

怨……我也确实没停止过抱怨。没有一天我会不抱怨点什么：没完没了地开会啦，市政工程扰民碍事啦，谁谁谁脸皮真厚啦，谁谁谁今天脾气真差啦，当然还会抱怨身心疲惫，抱怨世界大事，抱怨环境污染，以及，抱怨收到的那些听众来信……

抱怨的美妙之处在于，它取之不尽、用之不竭，万事皆可怨。

怨声载道，但不求"回报"

抱怨还有一个特点，就是它似乎超越了社会阶级和个体差异，"怨气恹恹"，不漏过任何一人，不放过任何一物。它是如此无孔不入、无处不在，哪怕你已经觉得自己没什么好抱怨的了，它还在那儿蠢蠢欲动。

人人都在抱怨，万事都可抱怨。更难以忍受的是，甚至有人连一切太顺利了都会抱怨一下……

常有人和我说，好在还能抱怨，因为如果不抱怨，自己的委屈怎么能被听见，又怎么会有人来帮忙伸张正义呢？

那么，那些没什么正义好伸张的抱怨呢？

那些平日里习惯性的小抱怨呢？那些一样情有可原、一样饱含委屈但本身并不真的需要别人去主持公道、安慰修补的牢骚呢？

那些不过是实时埋怨一下天气不好、小孩吵闹或者隔壁噪声这些无伤大雅、转瞬即逝的琐事，纯粹只是发泄一下情

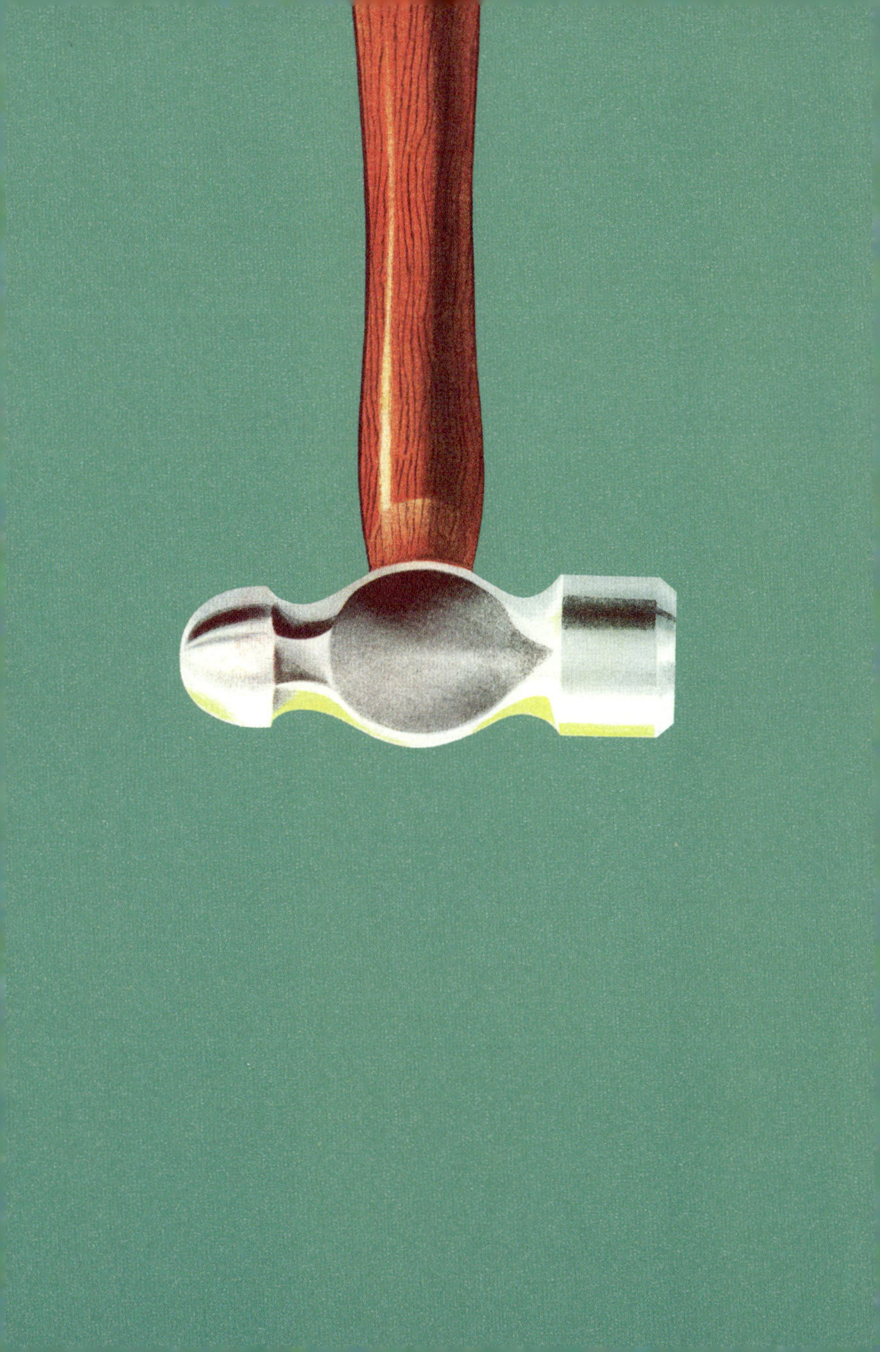

02

抱怨有理

作为广播节目主持人，收到来自听众们的抱怨和差评一直都是很难熬的时刻，坦白说，它们经常让我火冒三丈。

当然，这也挺让人惊讶的，怎么有人会花那么多时间费心费力写就一篇内容翔实、精雕细琢还不失优雅的投诉信，纯粹就是为了表达厌恶、发泄不满，有时甚至还不惜在自己的伤口上撒把盐。

但它们也让我尤为感动。因为，某种程度上，我在这些负面评论里看到了自己的影子。我自己也曾如此。小时候，我会给电视节目主持人或者电台主播写长长的信，表达自己对他们的喜欢或者讨厌。

但这些信我都没寄出去过（在那个年代，邮寄业务的麻烦程度总能有效阻止类似的冲动），但我内心很希望那些主持人能听到我的心声：作为众多听众或观众中的一个，我，有话要说。

我想要能够正大光明、天经地义地抱

虚里放入爱情，而头脑则在空虚里植入恨意。[1]

而这显然是忘记了"空"在我们的日常生活中是多么的常见，也忽略了我们其实很擅长制造和享受"空"。

与雨果所说相悖且极其重要的一点是：人不一定生来就如此忌惮"空"，不一定非得将空缺之处填满。

只是很多时候，"空"如其名，如果没能在它出没的时候恰好碰上一个堵住的水池，我们很难注意到它，更别说好好享受它一番了。

1　维克多·雨果，《笑面人》（*L'Homme qui rit*，1869）。

是得到了延续。甚至，还有喜上加喜、锦上添花的一刻，就是听到水管因畅通而发出咕噜咕噜声的时刻。

除了直面问题并解决问题，还有什么可以带来同样的满足和快乐呢？可矛盾的是，一般这样的大功告成之后，人们往往会有所得，多少会留下点战利品，但在疏通水管这件事里，所有的快乐却恰恰来自一种"空虚"，来自一种"终于一无所剩，干干净净，再无可取"的感觉。

人们为何忌惮空虚？

日常生活中有很多微末之事都包含着诸如此类的矛盾趣味，即释放后的空虚带来的畅快：例如，挤爆一颗痘痘的快感，用镊子拔除一根毛发或者憋尿两小时之后终于得以释放的酣畅感。我虽然不是什么疏通管道界的近藤麻理惠[1]，但我们不得不承认："满"往往源自"空"。

当下的人们热衷于抨击囤积之癖，崇尚极简之"空"，且相信这所谓的"空"，尤其是通过冥想遁入的那种空之境界，是一种几乎不可能达到的状态。说到此，人们还尤爱引用雨果在《笑面人》里的一句话：

人的头脑和大自然一样，忌惮空虚。大自然在空

---

1 近藤麻理惠，日本收纳整理大师，出版了多本收纳整理指南，致力于让家看上去整洁、有条理甚至空无一物。——译者注

败了。而且，随着积水水位的日渐上升，这件本来微不足道的日常小事，顿时摇身一变为你此刻人生里亟待解决的头等大事……

清管器与喜上加喜

水池堵了绝非什么小事儿。

它除了是一件令人头疼的大麻烦之外，还向我们提出了一个现象学式的问题：是专注于表象，解决"不断上涨的水位"这个表面问题就好，还是追本溯源，一把铲除造成堵塞的源头呢？

此外，堵塞的水池更像是一种比喻，生动地再现了我们与生活中各种问题的关系：一个问题，究竟在哪一刻才开始成为问题的？是它初露端倪的时候，还是不解决不行的时候？

在我看来，一个问题是在我开始严肃对待它的时候才正式地"成问题"的：成，这回真堵上了。行，那我去疏通吧。至于具体怎么疏通，我就不一一赘述了，诸如你得先购买疏通管道的清洁剂和清管器之类的，如果还有不清楚的读者，清管器是一种金属软管，可以伸进管道，让你在不用把水管大卸八块的情况下就冲走堵塞物……

而让我备感震撼的，不是疏通过程的艰难，而是堵塞物终于缴械投降的那一瞬间我所感受到的快乐。而这份胜利的喜悦，在我放水冲刷洗脸池且那团污物顺水流走的时候，更

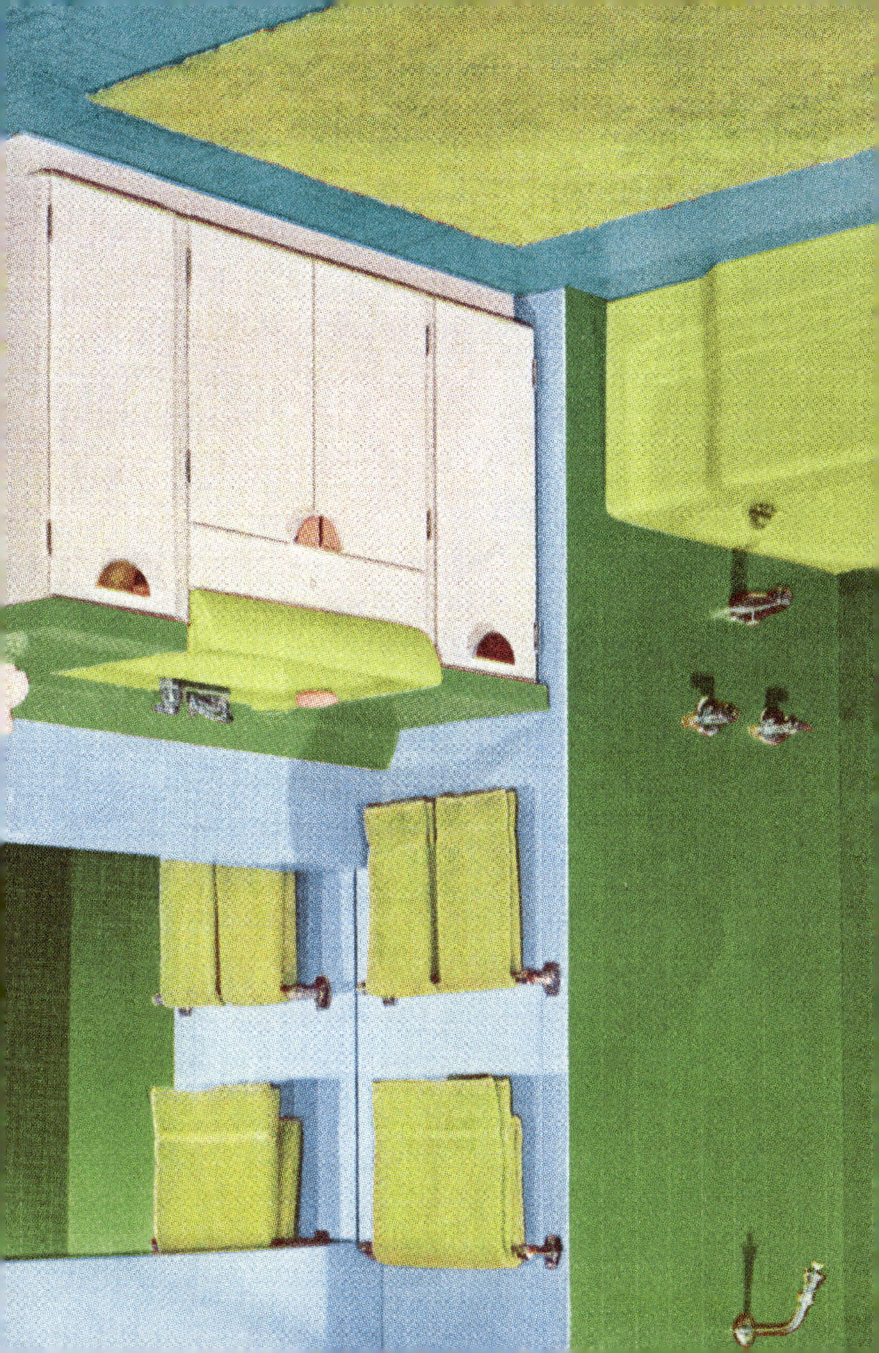

01

堵住的水槽

不久之前，我经历了一件你们一定都经历过的事情。虽然其本身不过是一件司空见惯到不值一提的家务事儿，但全程都充满着强烈的情绪，结局还伴随着一种强有力的、不可否认的解脱感 —— 或者说，一种巨大的满足感，甚至足以让你扬扬自得，这件事就是：疏通下水管。

具体说来，我这次疏通的是一个洗脸池。和以往每一次水池初露异常的时候一样，我先是会愁眉苦脸，怨恨地盯着这个有点堵塞的洗脸池，水下得很慢，表面静静地漂着一团混合着肥皂泡、牙膏沫、发丝以及其他不明毛发的东西。然后心里不停哀叹：我究竟是造了什么孽？

一如既往地，我首先会拒绝接受现实。毕竟，虽然水下得很慢，但多多少少还是在一滴一滴地流，而且，再多点水冲上一冲，说不准堵住的东西就会自行化开了呢？

很显然，这个方案也依然一如既往地失

CHAPTER 5

第五章

日常小快乐

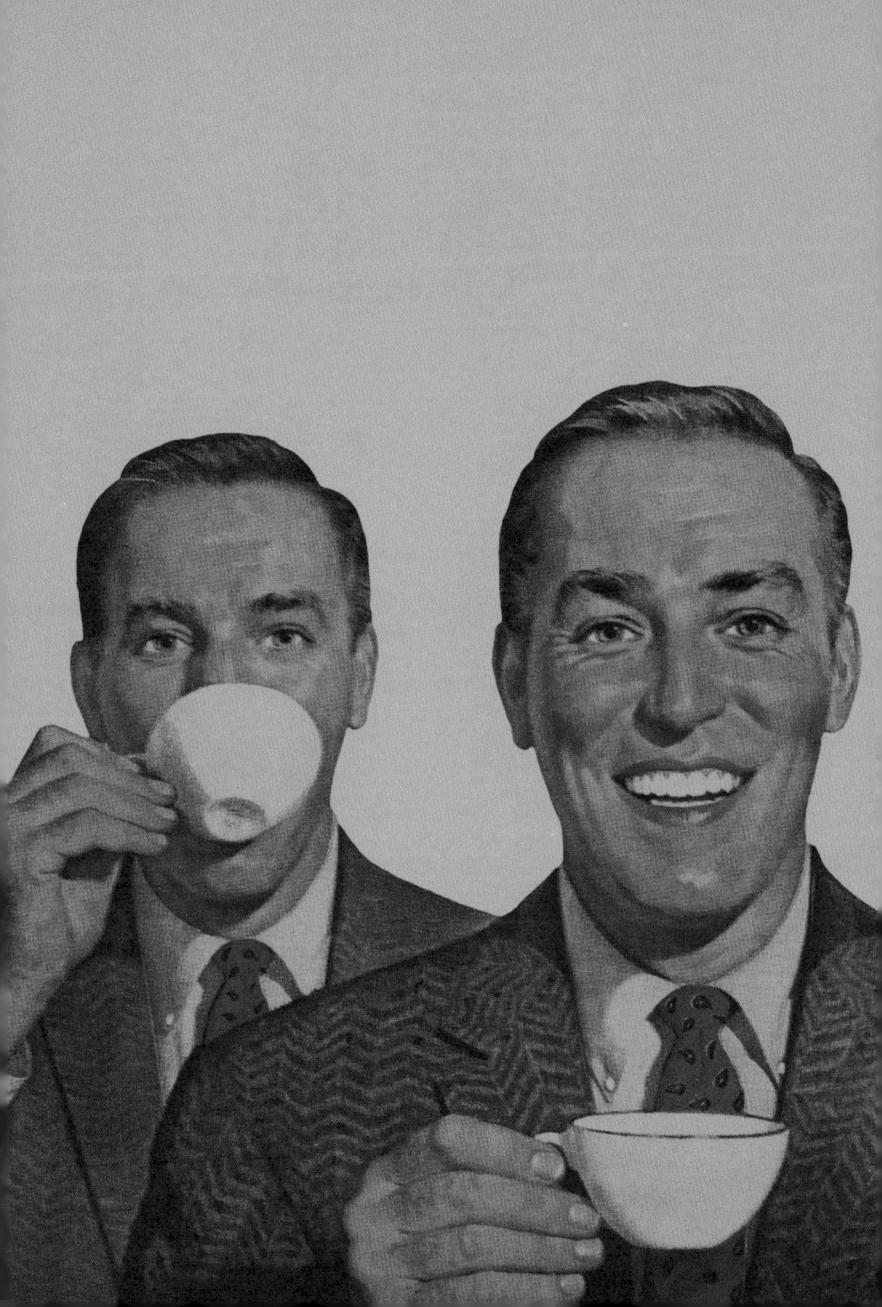

寻找"恰到好"之处

当然,饮酒过度和困顿周五还是有所不同的,一个是可以自行避免的出格行径,一个是一周里你画也画不掉的一天。

但核心问题还是一样的:如何衡量一个事物是不是多余的,如果它本身就难以衡量或者我们不能去亲身体验的话?

在《尼各马可伦理学》中,亚里士多德提出了"中道"(Juste Milieu)的概念:

> 每一个知道这一点的人都会避免过分和不及。他会反而追求一种正中,并以此为目标。而这种正中并不是对事物而言的,而是对我们自身而言的。[1]

单纯纸上谈兵的话,我们都不得不对上述所言表示赞同:"谨慎"这一美德要求我们不能太前也不能太后,不能太过也不能不够,要居于两种极端之间。但如果不亲身感受一下极端,我们又如何界定什么才是对自己而言的"正中"呢?

这才是难题所在:我没法知道什么是适中,没法找到我的"恰到好"之处,除非我领教过什么是极端……所以,在没有领略完我人生中所有的星期之时,我也没法告诉你们,周五到底是不是多余的。

---

1 亚里士多德,《尼各马可伦理学》,卷2,1106b。

"多余"

周五很多余？

这个至关重要的问题显然是在一个周五早上浮现在我眼前的。

虽然彼时心情不太好，但我试图看到事物好的一面：例如，再忍忍一周就要结束了，前几日积累的疲惫也开始消散，接下来48小时终于不用听到手机闹铃声了，以及有大约四分之三的工作终于可以……放到下周去做了！

可有一个问题依然悬而未决：周五到底有什么用呢？如果它的存在只是为了方便我们和前几日做个了结，然后开始立马幻想"之后"的话。如果周五只是一个让我们萎靡不振却又不能真正让我们休息的日子的话。

因此，我不禁扪心自问：周五，是不是挺多余的？就像我们生活中经常略带悔意说的那句"有点过头了"一般，是压死骆驼的最后一根稻草。这根稻草在生活中比比皆是：多喝了一杯酒，第二天头疼欲裂；多浇那么一滴水，花盆里就上演了一出水漫金山。

而"过头了"的矛盾之处在于，周五也好、喝酒也好：都得先经历了，感受到醉了或者精疲力竭了，才能突然意识到什么才是太过了的，什么是多余的、是没用的、是过犹不及的。

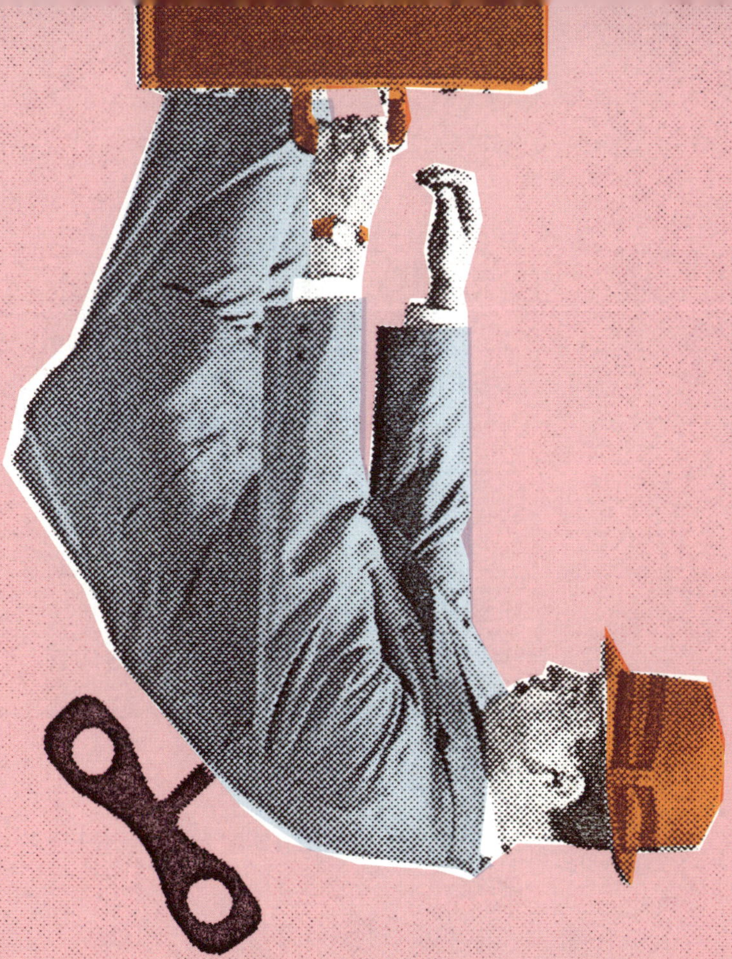

07

周五，多余的一日？

生活中总有些固若金汤的时间点。

周日晚上永远是周日晚上，也就是说，一个郁闷之夜；餐前酒总在中午十二点或者晚上六点开喝；而周五则永恒代表着劳苦工作日的最后一天。

周五，是人尚在工作但心已怠惰的日子，是四点半就离开办公室的日子，是一些人不约而同秉承所谓"周五装"（Friday Wear）的传统胡乱穿衣的日子（暂且不说法国根本没这个传统）。

在周五，周末似乎就已经开始了，甚至可以说周五才是周末最美好的时刻，这一天，我们一边开心于很多事情可做可不做，一边畅想着周末所有美好的可能（但实话实说，大部分也就是想想而已）。

然而，抛开这些玩笑话，周五毕竟还是一个工作日，最后的终极工作日，或许也是，多余的一日？

乌有之中见点滴

没想到吧，虽然很多惊愕本身就没什么，也常常因一些"没什么"的事儿而起，却可以让一些我们曾经忽略但的确"在那里"的事物浮现出来：一个玻璃杯，一整个食堂大厅，一个人。

换句话说，碎玻璃惊愕，是对"非事件"或"无反应"状态的体验，而这些状态往往蕴含着强大的力量。这便是2020年我在法国国家广播电台食堂的重大发现："非存在"的力量。

我们一阵"毫无反应"的反应。

"茫然"的力量

为什么这种"毫无反应"本身也是一种反应，甚至比其他任何的反应，诸如生气、流泪或者害怕，还要强烈？

换言之，这也是问题所在：为什么惊愕茫然——这种自我意识完全湮灭的状态——有如此强大的力量？

古希腊哲学家巴门尼德（Parménide）早在苏格拉底（Socrate）之前，就说过：

存在物存在，非存在物不存在。

可如果他目睹了这种"碎玻璃惊愕"，会做何感想呢？这恰是一种不存在的存在，一种在自我泯灭中诞生的存在，巴门尼德会不会自此承认一种不仅存在还令人印象十分深刻的"非存在"？他会不会提出一种概念叫"非存在物存在"？

这位哲学家会不会重新浏览一遍自己的手稿，然后纠正说这种"非存在"恰恰是"存在"的前提条件，少了它存在就不会存在了？因为要不是这个打碎的杯子，谁会注意到这个年轻女孩呢？而要是没有这惊愕一刻，女孩还会经历同样的一天吗？

风吹草动便呆若木鸡

事情是这样的：我正在排队等待结账（在法国国家广播电台的食堂），这时，在我前面的一位年轻姑娘不小心打翻了托盘，上面的玻璃杯一下子碎在了地上。

相信这一幕会瞬时勾起许多人在中学食堂打翻东西的黑暗回忆，想起自己愣在大堂中央呆若木鸡的样子……而眼前的这个年轻女子，看着自己打碎的杯子，也顿时愣在原地，被这个微不足道的小意外弄得不知所措。

她看上去……如此震惊茫然，以至只能一直局促地晃着手臂，瞪着地上几大块碎玻璃碴，眼睁睁地看着自己无意间制造的一地狼藉，动弹不得，连一点简单的补救措施也没有。那一刻，她的脑子里在想什么呢？或者更应该问，她的脑子里没想什么呢？

她为什么会陷入茫然之中呢？从词源上说，"惊愕"（sidéré）指的是一种"被不祥星体猝然击中"的状态，而打碎杯子既没什么好惊世骇俗的，也没什么凶险不祥。

仔细回想，我们每个人似乎都有这样的经历，被微不足道的小事吓到呆若木鸡、目瞪口呆、手足无措：电脑突然罢工，钥匙突然打不开门锁，在超市不小心打翻一瓶芥末酱，发现衣服洗缩水了，或者说了个不好笑的笑话让场子顿时冷掉……

我们都经历过类似的事件，或者说"非事件"，引起了

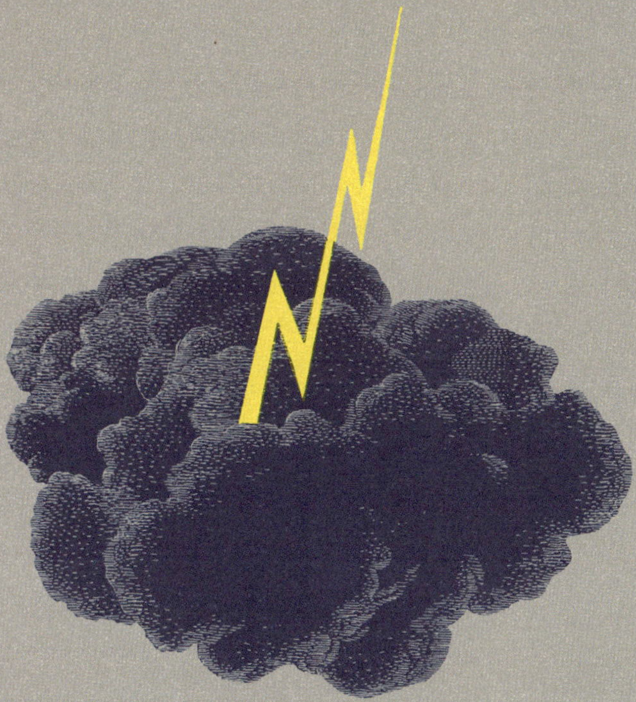

06

碎玻璃惊愕

别费力查了。如果你在搜索引擎里输入"碎玻璃惊愕"（sidération du verre cassé），是搜不出任何结果的。既没有什么相关科学实验，也没有相应的哲学理论。"碎玻璃惊愕"不是什么特定概念，甚至都不是一个固定词组。

然而，你若是输入"打碎玻璃"，会搜索出成千上万个教程，教你如何修补碎碗碟或者玻璃窗。至于"惊愕"（sidération）一词，你会搜索出很多相关文章，介绍这个词如何很不幸地借着 2015 年震惊世人的巴黎恐怖袭击事件重新回到大众口中。

一边是"惊愕"这一因震惊而顿失生气、四顾茫然的严重状况，另一边是玻璃杯打翻在地这样一件微不足道的小事，两者之间乍一看似乎风马牛不相及……而几周前，我在法国国家广播电台食堂亲身经历的一幕却似乎让这两者有了交集。

我咀嚼着没抹芥末酱的肉片,朴实无华,味同嚼蜡,那一刻我好像的确够到了一点米兰炸牛排的"本真""灵魂"或者说"自我"。但它们在我看来真的无比乏味且缥缈。

因此,我和帕斯卡尔一起得出结论,我们爱的不是一个人而是他的品质。换句话说,我们几乎不可能去爱一个事物或一个人的本质,却丝毫不谈它给我们带来的感受。

我们爱的从来就不是人，我们爱的只是一些品质而已。[1]

我不得不添一句……很可惜，并不是这个人真正的样子。

爱的本质

一盘简单的米兰炸牛排似乎就这样揭示了一些关于爱的本质的问题。

当我们说自己爱一个事物或者一个人的时候，我们到底自以为爱上了什么？当我们发现自己其实误认了爱的对象时，我们的爱会变弱吗？但说到底，爱的本质很大程度上不就是一种误解吗？

正如帕斯卡尔所说，爱并不关乎一个人，而关乎我们从对方身上看到的品质：那么，爱究竟事关哪一种品质？而对方真正的品质又是什么样的呢？

除去这些附加属性（社会地位、个人品位、身材样貌等），到底还存不存在一种真实人格？它是什么？是灵魂的本质吗？是什么抽象的东西吗？我们能够真的触知它并爱上它吗？我们也可以用同样的方法去感知一块小牛排的灵魂吗？

1　帕斯卡尔（Blaise Pascal），《思想录》（*Pensées*，1669），41/85 节。

还是米兰美食品鉴指南本身的疏漏？难不成是最糟糕的情况：是我对自己的所爱一无所知？

热爱不甚了解之物

我连米兰炸牛排不蘸芥末酱都不知道，居然还敢妄称自己热爱这道菜？

这件小事背后，其实蕴含着一个人人都有所体验的深刻悖论：热爱一个事物或者一个人，却发现对方并非自己所想的那样。

我究竟爱这盘菜的什么呢，如果它原本的味道其实被芥末酱给遮盖了？我究竟爱这个人的什么呢，如果事实证明这个人并非我所以为的那样？我还能说自己真的爱吗？我爱的是不是只是一个表象？一个幌子？我爱的只是一个表面像是米兰炸牛排的东西？而如今我发现自己弄错了这盘菜的本来面目，会影响我对这块小牛肉爱的本质和爱的程度吗？

众所周知，四分之三的爱情故事都建立在傲慢、偏见和误解之上。我们觉得自己爱某个人，结果并没有；我们以为爱的那个人非常独特，结果对方平平无奇；我们以为自己爱的人无所不能，结果他连灯泡也不会换；我们觉得对方有着有趣的灵魂，结果他痴迷肥皂剧……

哲学家帕斯卡尔在《思想录》中就曾一针见血地指出：

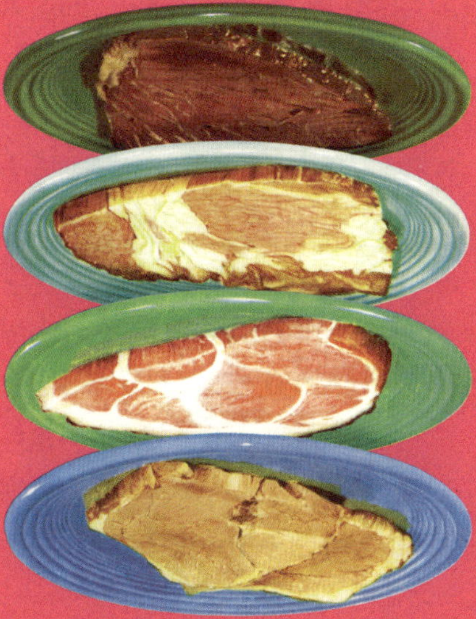

05

我如何发现自己一直"误解"了米兰炸牛排

2020年10月12日，周一（我铭记至今），我走进了一家意大利餐厅……然后点了一份米兰炸牛排。

我一直很喜欢米兰炸牛排。可直到那一天，我才发现，我吃得不对：不是说我不知道如何切割牛肉，而是我的享用方式出错了。说来惭愧，为了给牛肉提味儿，我向服务员要了一点芥末酱。

服务员的表情和回答（"我们这里没有这东西"）让我立马意识到我错了：历史上没有一片米兰炸牛排会蘸着芥末酱吃。从来没有过。此话不假，我的确没在意大利餐厅里见过芥末酱。但我自己平时一直就着芥末酱吃米兰炸牛排。

"我怎么连这都不知道呢？！"这一迷思让我绞尽脑汁。

原因就是一句"搞错了"这么简单吗？是我一时疏忽？是我的美食教育有所欠缺？

为什么在这种"我一会儿再打给你"一般看似毫无意义的空消息里会重演这种"伪认可"式的人际关系呢？

这才是问题所在：平等对话就那么难吗？直截了当地沟通就这么难吗？像打招呼那般，你说一句"你好"，我回一句"你好"，简单问题简单回答，就这么难吗？

主奴逻辑

每一条类似的消息都好像是在说——起码听上去是如此：“我知晓你的存在，你想得到一个答复，但我回复你我现在无法给你这个回复，你不是我的优先考虑对象。”

这不禁揭示了人际关系里令人拍案叫绝的矛盾操作：以一种认可的方式表达对他人的不认可，以一种肯定的方式否定他人。

其实这种矛盾也不算稀奇……德国哲学家黑格尔早在 19 世纪初就详细地描述了这种现象的运作机制，并将其冠名为"主奴辩证法"：

> 奴隶被主人认可，也是作为被统治的奴隶被认可，而不是作为人被认可。[1]

当然，在这些一拖再拖的答复中，乍一看似乎没有谁是主人、谁是奴隶：等待一下答复不至于把我们变成奴隶，而酝酿如何答复别人也不会让我们成为任何人的主人。

但似乎，又好像就是这么回事，就是这种主奴辩证法的再度上演。

1　黑格尔（Hegel），《精神现象学》（*Phénoménologie de l'esprit*, 1807）。

之无物吗？

荒唐在言或在人？

就算让人有点恼火，这种消息至少有一个优点：告知对方他的诉求的确有被听见，有被纳入考量，只是不会被立刻处理而已。

所以，打给别人说"我打来是为了和你说我之后会再打给你"并不是一个空信息，不是做个样子或者浪费公共信息空间。

相反地，这是一条非常有用的消息，它其实包含着一个信息，可能不很直截了当但确实是有内容的。当然这并不妨碍它表面上的荒谬，不妨碍你每收到一条类似消息，都感觉自己被当成了傻子一般，或想着世界上居然有如此空洞无聊，换句话说，如此毫无意义的通话。

但让我们仔细想想，一个人拿起电话拨给你只为和你说"不好意思啊，我现在实在没空和你说话"，而他恰恰正在和你说话。可见，问题并不在于电话内容本身的空洞、愚蠢和无用，而在于它所包含的"意图"。

换句话说，在这类消息里，信息本身不是没有意义的，而是它的传递出了问题。也就是说，是发信方和收信方之间的关系出了问题。

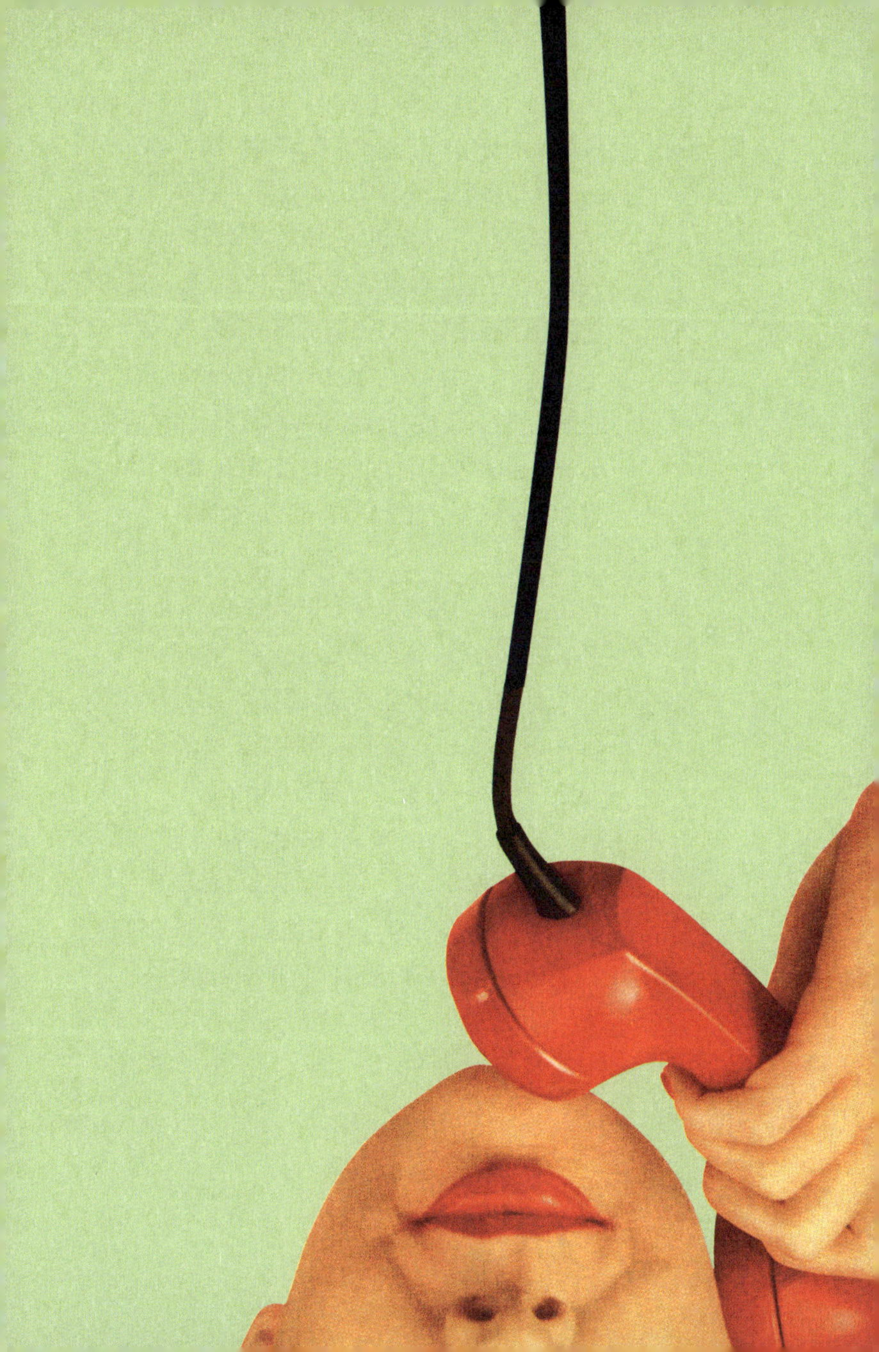

04

给你打电话说"我一会儿再打给你"

你是不是也常打这种毫无作用的电话？既不是为了获取信息，也不是为了煲电话粥享受聊天乐趣，而是：打过去只为了说一句——"我之后再打给你"。

一天之中会接到多少类似的电话？还有类似的电子邮件，发来只为了告诉你一句"啊，我们会回复你的，但不是现在"？

你呢，你自己每天又会发多少条短信，只是为了告诉别人你会处理这件事的，但得先等等？

又有多少次，你会问自己：我为什么要这么做？打都打过去了，为什么就不愿意给翘首以待的对方一句准话呢？为什么不能干脆点，开门见山地答复对方呢？

如果说日常生活中充斥着诸多不易察觉的矛盾，那上面提到的现象几乎无人幸免。或许我们会立刻把它归咎给这个信息爆炸的荒谬世界，谴责现在的诸多交流都堪称空洞无物。但这样的短信、电话、邮件真的是言

但一个人只要不满足于现状、不安于他现有的快乐、想要更多的快乐或者更早地感受快乐就一定会不幸吗？好吧，他最终可能会不幸，但也不会比别人更不幸，至少他体验过选择及时享乐的快乐了。

若非此刻，更待何时？

为什么？……但说到底，为什么不呢？

让我们转换下视角：为什么觉得剧透就等于屈服于欲望，等于无法自控呢？或许这恰恰就是我的意志、我的决定呢？不是我在诱惑前缴械投降了，而是我决定我要自己的快乐，且现在就要，不等将来。

或许，真正的问题不是弄清楚为什么自己想要给自己剧透，而是为什么自己不给自己剧透。

是啊，为什么总是鼓吹"心急吃不了热豆腐"？为什么总认为真正的快乐一定是那种克制的、无愧于心的、经过漫长等待的快乐？剧透所揭露的问题其实是：人们常认为提前享乐，就会糟蹋了快乐。及时行乐就是在自我伤害，就是捡了芝麻丢了西瓜般的因小失大。

就好像我们每个人身上都秉持着这样一种理念：不应该主动寻求快乐，而要等待它自然而然地降临。或者，借用斯多葛主义哲学家塞涅卡的一句话：

> 幸福的人，应明辨是非，应安于眼前现状，无论现状如何，且热爱他所拥有的。[1]

---

1 塞涅卡，《论幸福生活》(*De la vie heureuse*，58)。

神甚至偶尔会打翻友谊的小船（对，有的时候我们会因为朋友的剧透而"友尽"，而说到底不过就是毁了一集电视剧而已）。

但试想一下，如果把这个现象移到自己身上呢：如果是你自己剧透了自己，毁了看剧的快乐，你能拿自己怎么办？

第五集，达芙妮和公爵上床了

无论你是偶尔为之还是已成惯犯，自我剧透这个行为本身就很矛盾。尤其是当它表现在只是读一读在追剧集的相关剧透文章，而非亲自跳到大结局一睹为快的时候，后者的矛盾之处在于：你正在对自己做一些别人对你做你就受不了的事情。

自我剧透，已经不单单是一种自我背叛，尽管自我背叛已经不是小事了。给自己剧透是放任自己的快感泛滥，而不是想法儿克制且延续这份快乐。它更是在结局降临之前自揭结局，从而毁掉了人家精心构思的整个故事情节。

看上去自我剧透毫无益处。然而，我们每个人几乎都身体力行过。到底该如何理解这种荒谬行为呢？为什么要去追求即时到账但打了折扣的快乐（因为这种"及时行乐"总蒙着一层阴影，背负着"自我意志不坚定"和"糟蹋了一部好作品"的罪恶感），而不去追求彻底的但需要耐心等待一下的快乐呢？

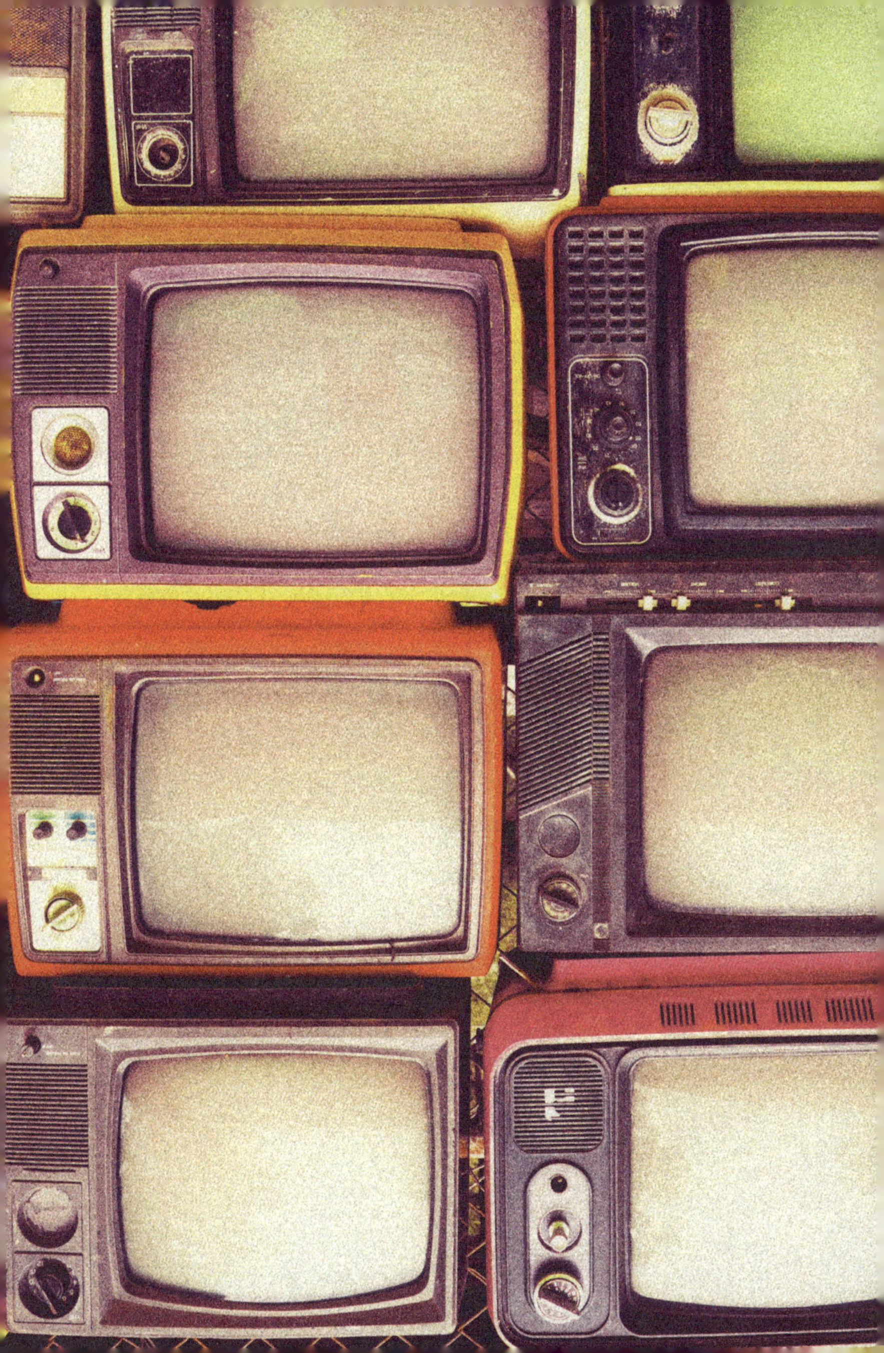

03

自我剧透党

　　"我们都被剧透（spoiled）了。"翻译过来就是：某个故事、某部电影或电视剧的情节被提前泄露，因此糟蹋了看到大结局时的刺激与快乐。而那些对英语词汇表示敬谢不敏的法国人则依法炮制了一个表示"剧透"的法语新词："divulgâcher"[1]。

　　那么，你有没有过忍不住给自己剧透的经历？有没有过实在抵抗不了提前知道结局的诱惑，而自行糟蹋了本该有的快感？

　　"剧透"[2]本身就是很有意思的现象。作为一件微不足道的小事，却能产生一系列令人困扰的后果。比如影响观影感受、导致走

1　该词将法语里表示"泄露"的"divulger"和表示"糟蹋、践踏和浪费"的"gâcher"组合在一起，生造了一个表示"剧透"的新词。此处也调侃了部分法国人为了捍卫法语纯洁性，强烈抵制在对话中使用英文单词的行为。——译者注

2　英文中的"剧透"写作"spoil"，该词的本意为"破坏、糟蹋、溺爱"。——译者注

"空无一事"，而在于它的行将逝去。

礼拜日的命运像是一个小小的讽刺：也许，它这无处可躲、难以言喻的阴郁气质其实并不是空虚所致，而恰恰相反，是因为感受到了这可贵的空虚为了腾出位置给新的一周而行将消逝……

"空"的喜与悲

如果说周日的不适感并非在于它早晚的落差之大，不是因为这夹在娱乐消遣的周六和事务繁多的周一之间的无所适从呢？如果说，恰恰是周日的松散和空隙感让我们备感幸福，它的渐行渐远加之周一的迫在眉睫才让我们如此生无可恋的呢？

如果说，事实的确如此，那怎样做才能保住这种幸福的不定感呢？这才是问题所在，如何才能维持住这种无事一身轻的自由感觉？如何保住周日的鲜活色彩从而不掉入黯淡忧郁之中呢？

好像没什么好办法……嘛，这样也好。

这个我们竭尽全力想抹去的不适感其实有一点形而上学的意味。它让我们感受到了"无事件"的眩晕，感受到了空闲的黯淡和虚无的深渊。

无论我们怎么做，周日归根结底还是周日，即便新一周没有什么繁重的日程或者特别的要务，周日的忧郁也会一直与我们同在……其实也挺好的，这样，每一周都会有一个小小的提醒，让我们定期体验一下那哲学式的存在焦虑。

一到周日，不管第二天上不上班，都会同样让人心慌。就好像这个日子，甭管我们愿不愿意，都要执着地问候我们。

这究竟是为什么？除去心理上、生理上或政治文化上的原因，到底是什么让这个休憩的日子，让这个风平浪静、平平无奇的日子对我们造成如此之大的影响？

"早""晚"之遥

关于星期日最奇怪的一点是，它开始的时候往往还一片岁月静好。周日早晨总是甜蜜的，洋溢着微笑，身心舒爽。为什么过着过着就变得悲伤成河了呢？它是怎么在几个小时之内改头换面、变得忧郁伤感，让人浑身不适的呢？随着不适感逐步增强，不免让人怀疑，周日晚上之萧条沉寂与其早晨之宁静活泼是不是恰成反比？

这一早一晚之间到底发生了什么，让我们被一种空虚感侵蚀淹没？

尤其是当整个周日都无事发生的时候，这个问题就更让人百思不得其解了。这是休息日，是放松日，是自由日，既无繁重的日程表也无要事压身。它充斥着宿醉的慵懒、烤鸡的香气、蛋糕的松软和散步的悠闲……这本是闲散的一日、过渡的一日、富余的一日。周日的头等大事就是待着无所事事。

周日原本就是为了空闲而生，怎么却从空闲一步步堕落为空虚了呢？星期日的悖论就在于，它引发的空虚感，不是因为它的早晚不一，也不是因为它与生俱来的空无一物或

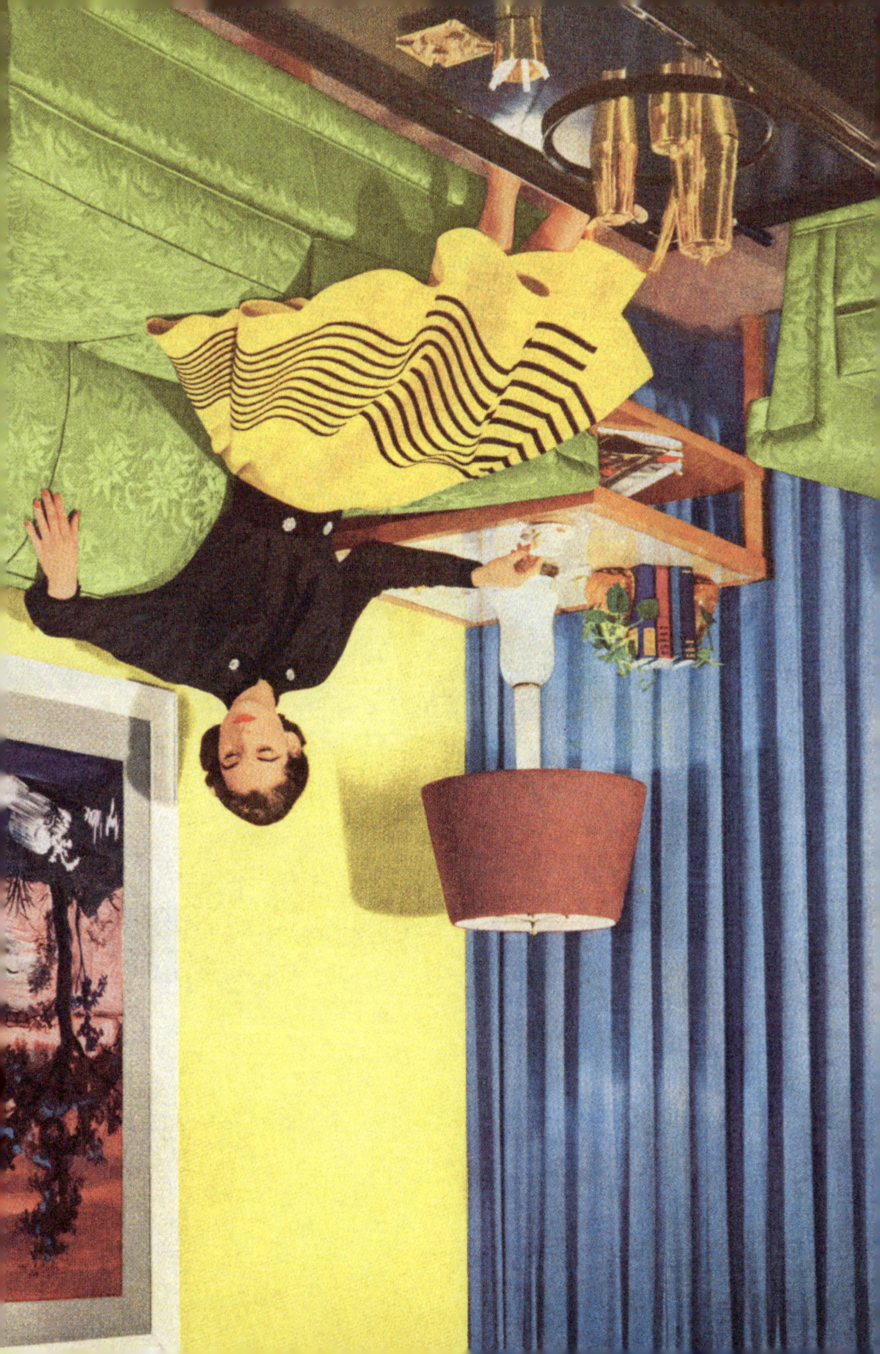

02

星期日晚的玄学小品

周六与周一之间

周日晚六点。周末还不算结束，新的一周已近在眼前。应酬、积压的工作、采购生活物资，一千零一件待做事项已经开始让我们坐立不安。甚至在周日还有大半的时候，阴郁的情绪就开始向我们涌来……

我敢说，你们多多少少都有过这种感受。一些人称之为周日忧郁，另一些人则认为这是疲惫的表现或是对周一的恐惧。每个人都从自身经历出发，试图搞清楚这种感受源自何处：可能是来自童年的分离焦虑（寄宿生周日晚必须离家返校），可能是因为作业、考试或者工作压力，也可能是因为周一的忧郁蔓延到了前一天，要么是节日后的空虚或者大脑分泌的某种物质在作祟，等等。

众说纷纭……但不管来自何方，这种礼拜日焦虑都显得坚不可摧。而它的坚不可摧更体现在它的"不分青红皂白"上：无论是假期中、居家隔离中还是各种大事发生的时候……

这也正是"享乐"这一问题的矛盾所在。我们都以为享乐是件轻松简单的事儿，但事实并非如此。快乐，不是我们可以毫不思考、毫无顾虑地一头栽进去并甘之如饴的。享乐并不容易。这些赏心乐事，是如此珍稀，所以需要小心细致地拿捏。

甚至有时候，干脆就想放在一旁不去触碰……生怕自己不懂如何享受它的全部精髓。至少，对于乔治·艾略特这本书如今还停留在第 561 页这件事，我是这么解释给自己听的。

最容易想到的答案显然是：害怕快乐就这么结束了，想尽可能地延续它。

而从美学角度出发，答案可能是：出于对美好事物的喜爱。珍馐当细品而不应囫囵吞下，因此，不仅仅是想要延长享受的时间，更是出于一种尊敬之心，细心品鉴心爱之物。

但说实话吧，以上两个理由都不是。如果说我没读完一本自己喜欢的书，不是因为我刻意"阻止"自己读完它，而只是单纯地感到有什么在阻碍着我读完，但那是什么呢？

"如此之好"

除了对作品的崇敬和想要延长快乐之外，实际上还有第三个答案——"如此之好"。[1]

这些翻开没几页的爱书，那些没能看完的好电影，以及诸多没能听全的优秀专辑……并不是因为我们读不下去、看不下去或者听不下去。只是因为它们很好，太好了，如此之好……好到我们反而略感无福消受，不敢忘情其中。

---

1 即"C'est si bon"，法语中常用的感叹句之一，表示"如此之好""真是太妙了"。同时这也是一首著名法语香颂的标题。该曲目在1947年问世，由亨利·贝迪（Henri Betti）谱曲、安德烈·赫尔内（André Hornez）填词并由当时法国著名男歌手让·马克（Jean Marco）演唱，曲调悠扬婉转，后经各国歌手翻唱而风靡世界，其中包括中国听众比较熟悉的小野丽莎的翻唱版本。而该曲名的点睛之笔就是副词 si 的使用，表示"如此、这么"，勾勒了美好却又有一丝忧伤的氛围。——译者注

太累了、没时间、文本太长（足足 1100 多页！），我几乎集齐了读不完这本书的所有理由……

但这些理由真的能解释得通为什么这本书总让我"爱而释手"吗？虽然我每晚都能看见它躺在床头召唤我，且每一页我都读得津津有味，可奈何总是读不完……为什么一件让我们感到如此愉悦的事情，却总是很难善终呢？

内心抗力

为什么很多事情，尤其是那些我们乐在其中的事情，有始却很难有终呢？相反地，一些本无所谓的甚至让我们无聊烦躁到堪称自虐的事情，却往往能妥善完成。这让上面那个"为什么"显得越发尖锐了。

矛盾极了不是吗？自找"苦"吃，却吝啬快乐……但，这不恰恰就是我们生活的常态吗？这不就是我们那强调不懈努力，充斥着工作和学习，连好好吃顿饭都难的日常之写照吗？

同样地，这也展现了另一种生活常态，即快乐总被推到将来，永远不在眼下兑现，总是在期待着下一个假期、下一个周末。

应该这么说，无聊是生活的常客，快乐则是凤毛麟角。但有必要因此这么严于律己、无聊加身，甚至连消遣时都放不开吗？因为这就要时时克制享乐之心吗？为什么不做完这些让我们真心感到愉悦的事情呢？

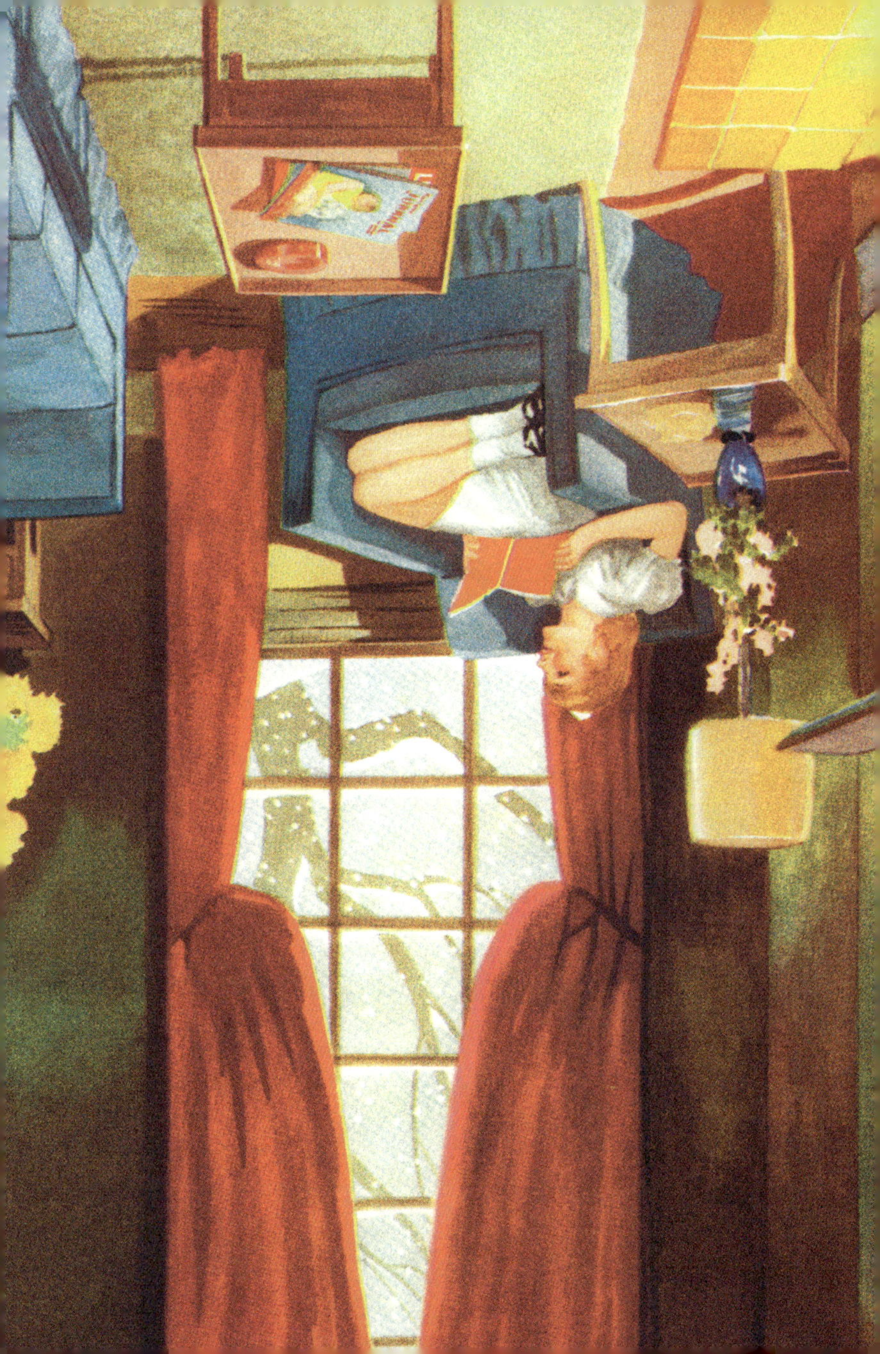

01

读书如抽丝

乔治·艾略特的《米德尔马契》

这几年，我不断地向大家推荐乔治·艾略特[1]的小说《米德尔马契》。细腻的心理分析，富有同情又讽刺的笔调，辛辣尖锐的人物刻画和极富现实主义色彩的对话。我在书中看到了一套完整的道德情感理论，以及不输普鲁斯特在《追寻逝去的时光》中的横溢才华，但同时我也感到愤愤不平：为什么在法国没有多少人盛赞乔治·艾略特呢？

以上所有的盛赞和愤慨都很站得住脚……如果我真读了《米德尔马契》的话。不是说我没有读过这本书，而是没有读完。

---

[1] 乔治·艾略特（Georges Eliot，1819—1880），本名玛丽·安·伊万斯（Mary Ann Evans），19世纪英国女作家，代表作有《亚当·比德》（*Adam Bede*，1859）、《弗洛斯河上的磨坊》（*The Mill on the Floss*，1860）、《米德尔马契》（*Middlemarch*，1872）等，被誉为维多利亚时代英语文学最重要的小说家之一，名气与才华不输同时代的文豪狄更斯和勃朗特姐妹等。——译者注

CHAPTER 4

第四章

我的烦恼

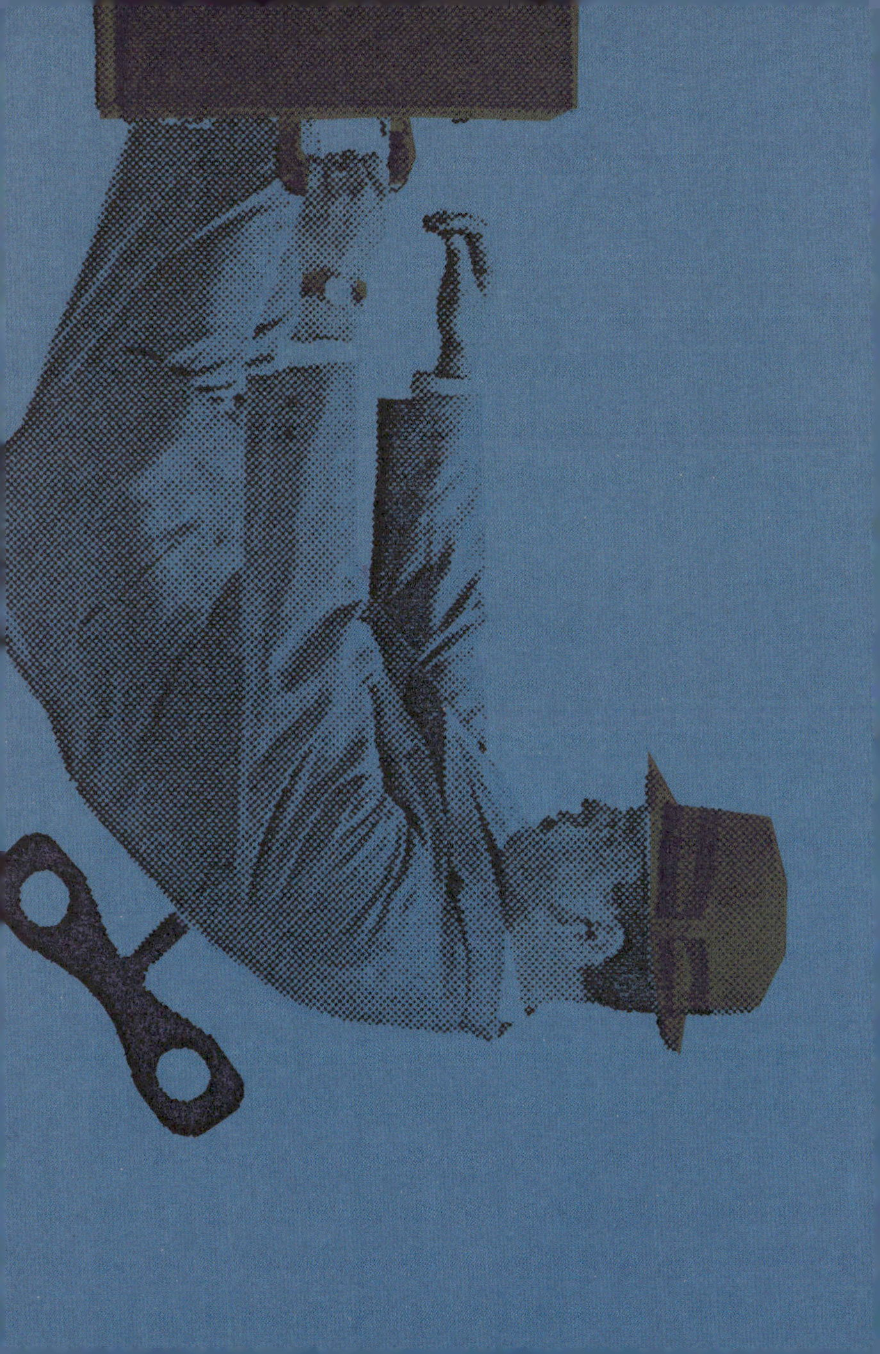

所有的问题似乎都来自一种信念，即失败也好，痛苦也罢，各种人生障碍不过是一个终会过去的糟糕时刻。而跨过去，就像手指按在遥控器按钮上随意换台那般容易。这可太天真了：想象一下，艰难困苦像一个电话套餐一样，可以随时解约。[1]

而事实是，痛苦常常永驻于此，没有什么会真的过去。更重要的也更经常的是，没有任何障碍会让我们带着确信起跳，也没有什么苦难会让我们借其一臂之力一跃而起。

因此，相比于韧性，为什么不选择"希望"这个词呢？可能是因为斯宾诺莎说过：

> 希望不过是一种因事物表象而生的不稳定的快乐，而这一事物最终结果如何，我们尚不可知，还在怀疑当中。[2]

然而，拒绝韧性，甚至敢于讨厌韧性，是这个世界还有一线希望的证明。证明相比于那种幼稚愚蠢且平淡乏味的确信——确信自己终将从痛苦中解脱，还有人会选择快乐，哪怕这份快乐不甚稳定。

---

1 法语中，解约一个套餐服务中的"解约"一词写作"résilier"，和表示"弹性、韧劲"的"resilience"很接近。——译者注

2 斯宾诺莎，《伦理学》(*Éthique*, 1677)，卷 3。

不——要——回弹!

若单纯纸上谈兵,韧性看起来面面俱到:它宣扬积极乐观,但同时也不会一味地乐观而对生活的艰难困顿视而不见。只是,它一边承认个体的痛苦,一边指望着大家有自我恢复的能力,甚至能感到从中获益。

继之,从政治角度看,它也显得完美无缺:有什么比既倾听了每个人的困难之处又不需真的施以援手更妙的呢?

可实际上,韧性是一个尤为矛盾的概念,更应该说是一个倒行逆施的概念:它所做的不过是吹捧苦难的价值,好去抹杀和否认痛苦的存在。

理由很简单,如果一个人就是没法做到有韧性,或者就是不想有韧性,那要怎么办?

出乎意料的是,有一种东西是韧性也没法抹杀消解的:就是那在我看来普天之下人皆有之的能力和权利:"不回弹"—— 不恢复如初。

心存希望

痛苦并非一道注定无法逾越的鸿沟,正相反……但有必要如此不顾一切地把自己当成一个弹簧一般,在生活里不停地起跳,好越过痛苦吗?

到底哪来的这种"蹦弹"的概念?就好像我们是只兔子似的,可以从失败的谷底一跃攀上成功的巅峰。而这种"砥砺""跨越""脱身"的概念又到底源自何方?

起了一个叫"弹性行动"的军事任务[1]。

奇怪的是，这个词越是遍地开花，就越发面目可憎、让人生厌：各种批判劈头盖脸地砸向这个词，因为它更像是一个虚假概念，一个看似热忱但站不住脚的祝愿，而本质上不过是在对我们中的每一个人说："自己想办法，证明自己是个有韧性、抗压能力强的人，相信你自己完全有能力独自恢复如初，你会发现一切都会好起来的，你终将战胜世界上所有的困难。"

继"关爱"和"善良"之后，"韧性"再度成为一个具有神奇魔力的字眼，只需插在句子里就会立刻显得精神抖擞、士气昂扬，同时又不乏同情心和团结精神，哪怕之后没有任何实际作为，没有任何政治上或者精神上的援助。好在，"韧性"——这"抗打击"或者"忍耐"的同义词——引起的精神疲惫是有目共睹的：这可能是世界其实没这么有韧性的有力证明。

---

1 2020 年 3 月，法国总统马克龙为了阻击"新冠疫情"蔓延，提出并实施了一项名为"Opération Résilience"的军事行动，实际是指调动必要军事资源例如军用飞机、直升机、卡车等以支援抗疫前线。但政府并没有公布具体调动的军队数量或具体行动方案。该行动中的"Résilience"也就是"弹性"一词在当时引发了热议，不少群众或媒体认为该词语义含糊、空泛，让人摸不着头脑。官方则解释，使用这个词是因为它代表了"克服一切艰难险阻的能力以及人面对灾变带来的伤痛所具有的恢复力"。——译者注

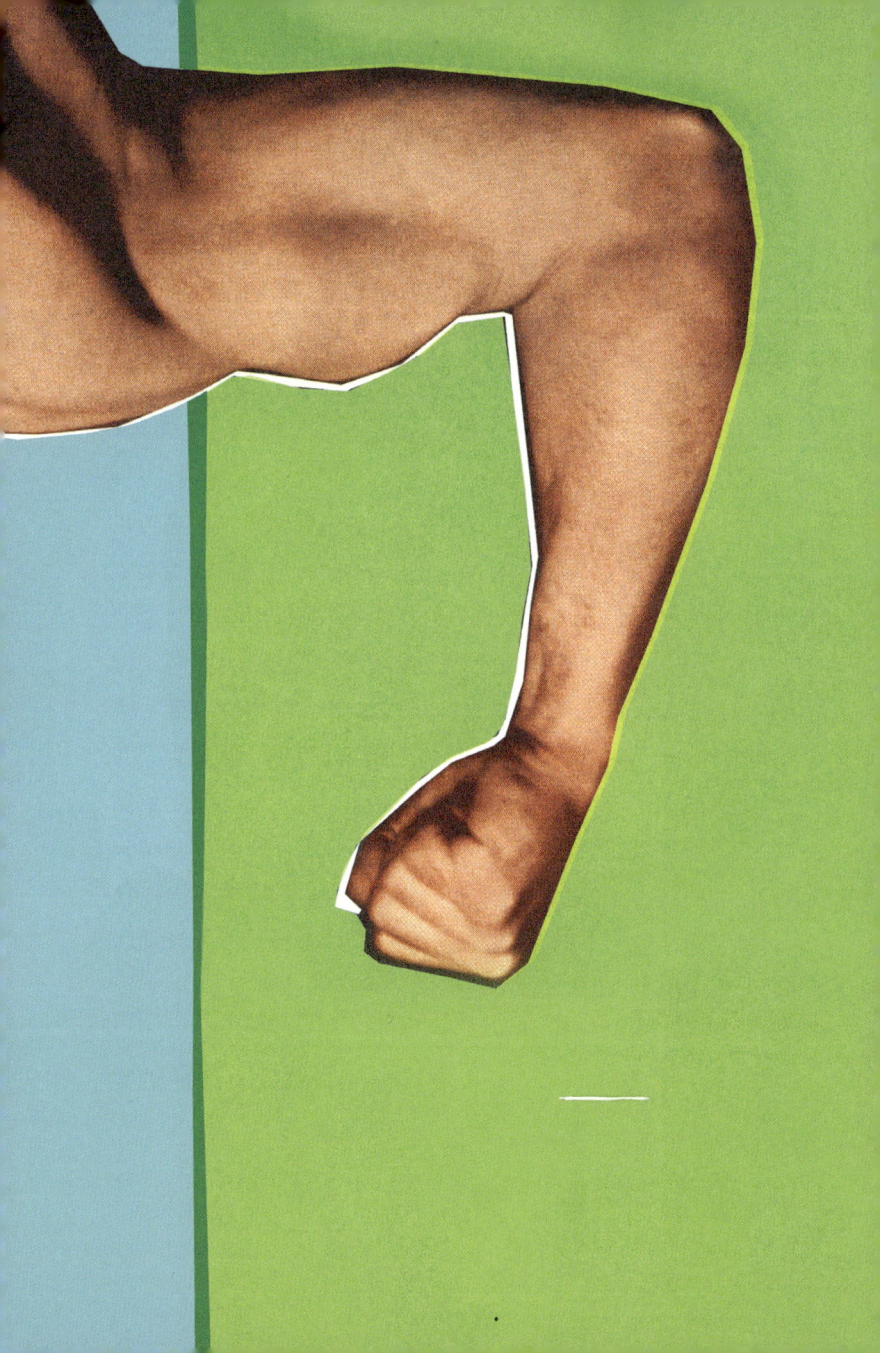

24

人人都烦"有韧性"

"韧性"（résilience），这个词已经在我们脑袋上盘旋好几年了。四处都可以碰见它……成功励志学读本里也好，精神治疗师的嘴边也好，都挂着这个词，光这样就够泛滥的了。

而现在，情况更糟了："韧性"一词（当然，你也可以叫它"弹性""回弹力""抗压性"等）成功突破了心灵鸡汤的边界：公司企业开始搞起了"弹性经济"[1]，法律里也出现了"气候与弹性"法案[2]，为了抗击疫情，总统马克龙甚至还在2020年发

1　即建立能够有效应对各种市场环境变化、竞争和政策波动的经济体系。——译者注

2　即"La Loi climat et résilience"，是法国政府于2021年8月颁布的一项环境保护法案，旨在对抗气候环境异常变化以及加强对自然灾害、环境污染带来的不良影响的抵御能力。其内容主要包括如何改善空气污染、遏制土地工业化以及限制超市提供塑料袋等。——译者注